1 タックルを理解する

基礎知識を身に付ける

タックルとは釣るための釣具のこと。適切なタックルとは、海の状況や釣る魚の大きさなどでも変わる。本書では経験に基づいたベストなタックルを紹介

身近な魚のクロダイ。エサ釣りが定番だが、ルアーでも釣れる（P.74）

ヒラメは、フラットフィッシュと呼ぶ。平たい体で襲いかかる（P.82）

ソフトルアーで釣るメバルは、夜釣りが定番。身近な堤防で釣れる（P.62）

生息エリアが広くルアー釣りで人気魚種のシーバス（P.90）

力強いやりとりを楽しむことができるキメジ（P.124）

メッキはギンガメアジやGTの子ども。小さいながらも引きが楽しめる（P.58）

2 釣れる魚を知る

釣れる / 釣りたい魚は何か？

ルアー釣りといっても、釣れる魚はいろいろ。大きい魚の引きを楽しみたいのか、小さい魚でテクニカルな釣りがしたいのかなど、本書を読んでイメージしよう

3 フィールドを知る

フィールドを選ぶ

釣りたい魚はどんな場所に生息しているのか？　または身近な釣り場や目的の場所ではどんな魚が釣れるのか？　本書で紹介する16魚種から選んでみよう

4ルアー選びのコツを知る

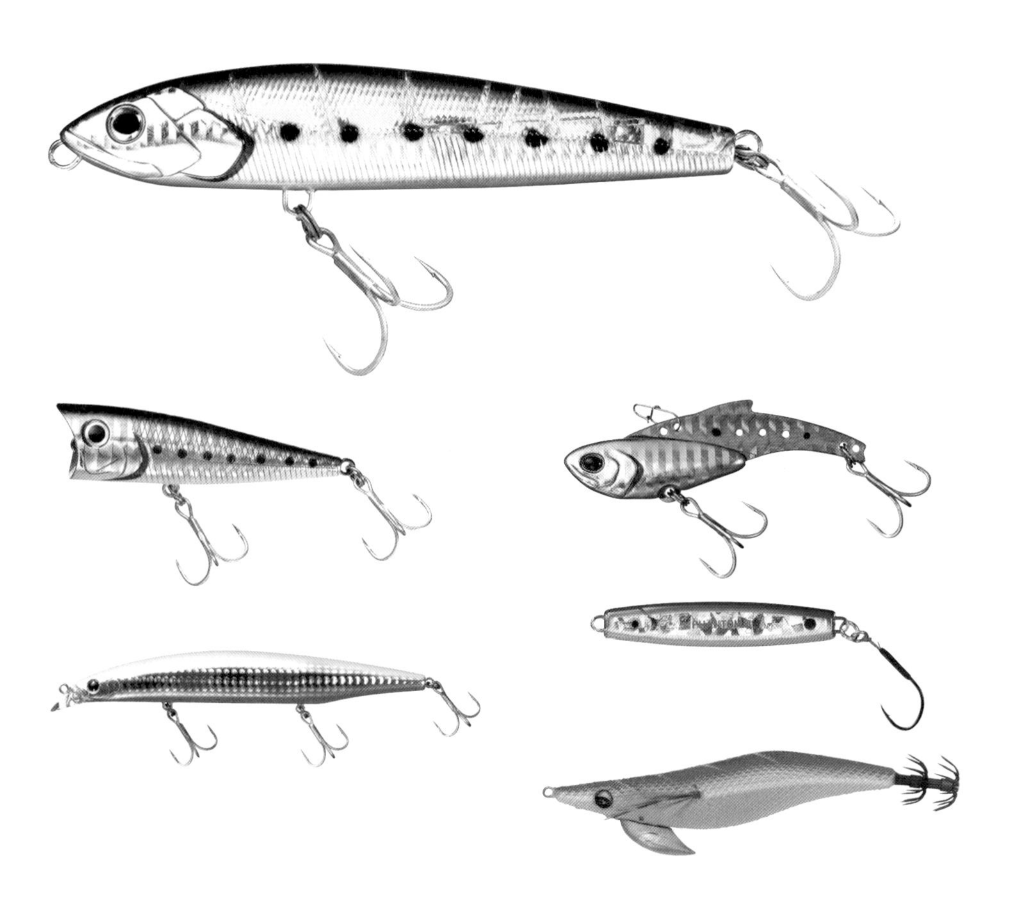

ルアーの特性を理解して選ぶ

ルアーには、それぞれ素材があり、性能があり、デザインがある。やみくもに手持ちのルアーを使っても非効率。何が効果的なのか、手立てをもって釣りに臨もう

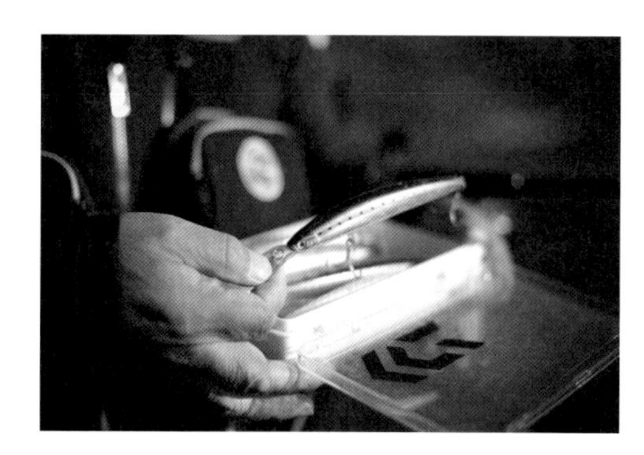

5捕食を知る

何を食べているのか？

釣りたい魚に、どのルアーがよいか指南を受けるだけでは応用が効かない。そもそもどんなエサを食べているのかを知ることがルアー選びの早道ともいえる

6道具を用意する

必須の道具とあるとよい道具

屋外で体を動かすアクティビティな釣りでは安全面で必要なものと、あると快適に過ごせるものがある

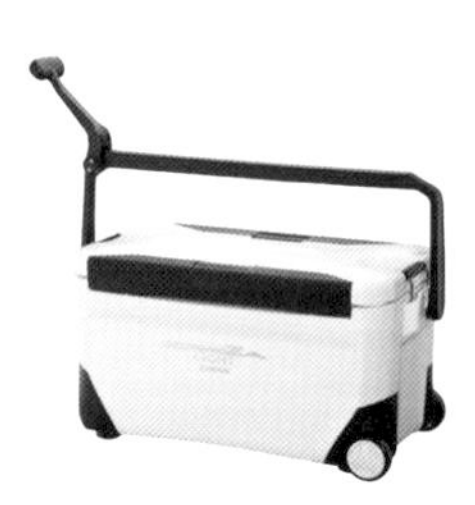

7 プロのテクニックを学ぶ

釣りの基本は経験から

初めての釣行は、勝手がわからないもの。本書では釣行の一連の流れをイメージしやすく、経験に基づいた内容で紹介する。この流れを理解することで釣果 UP が期待できる

本書の使い方

本書ではルアー釣りで定番の釣魚、16 魚種の基本情報と釣り方の基礎を解説しています。釣りを始める前の基礎知識から実際の釣り方、持ち帰った後の調理のコツも紹介しています。

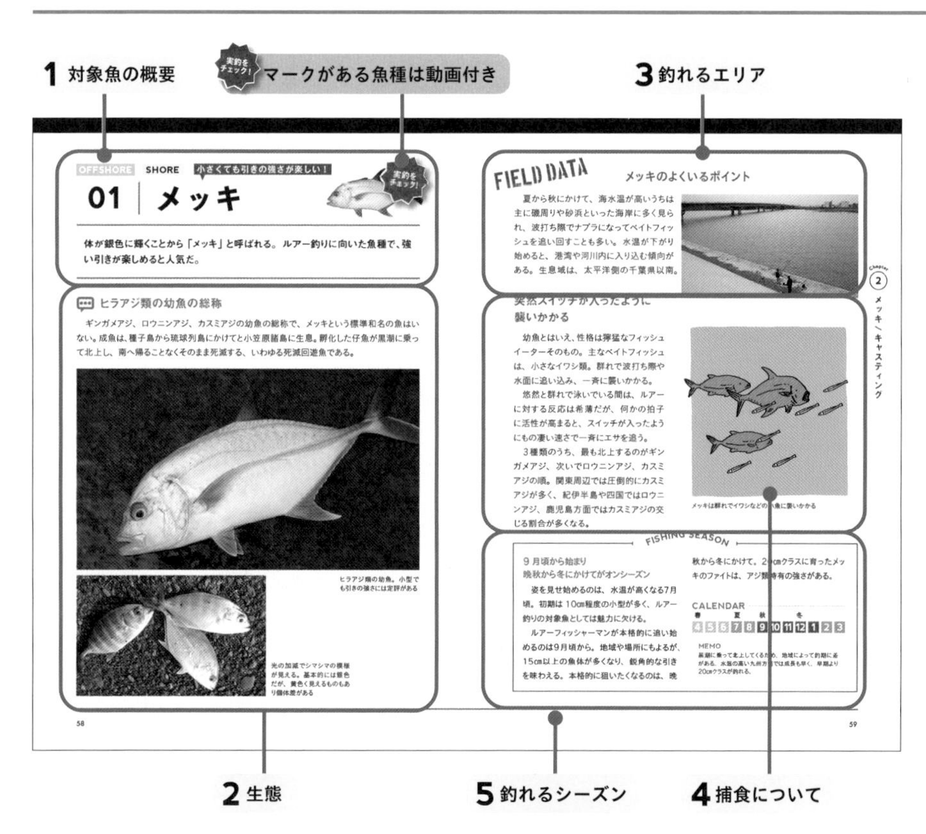

1 対象魚の概要

本書で「船釣り（オフショア）」か「陸っぱり（ショア）」かの解説はアイコンで表示。

2 対象魚の生態を解説

カラー写真で魚の全体像を解説し、どんな魚なのか概要を解説しています。

3 釣れるエリア

磯か、砂浜かなどフィールドだけでなく、ポイントの目印となるものについて紹介しています。

4 捕食について

ルアー選びのヒントとなる捕食にかかわる内容などを解説しています。

5 釣れるシーズン

釣れるシーズンの解説と季節ごとのカレンダー、知って起きたい小ネタなど。

6 タックル図とルアー

必要な釣具とラインシステム、おすすめのルアーのスペックなどを解説しています。

基礎を固めて予習できる

本書では、釣り全般に関わることを基礎編で、各対象魚種の釣り方は実践編で学ぶことができます。巻末には用語辞典や魚の締め方を解説。

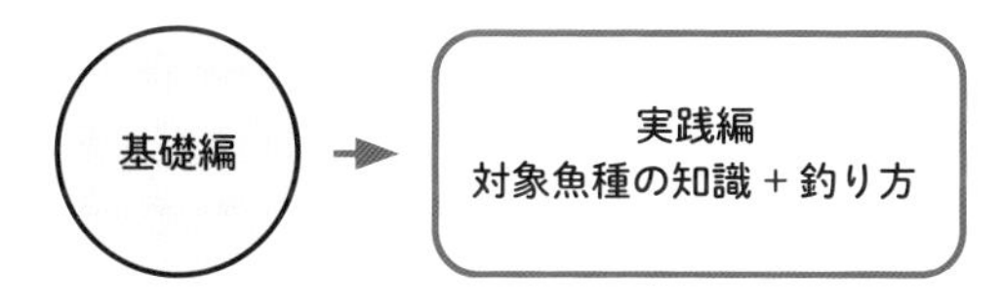

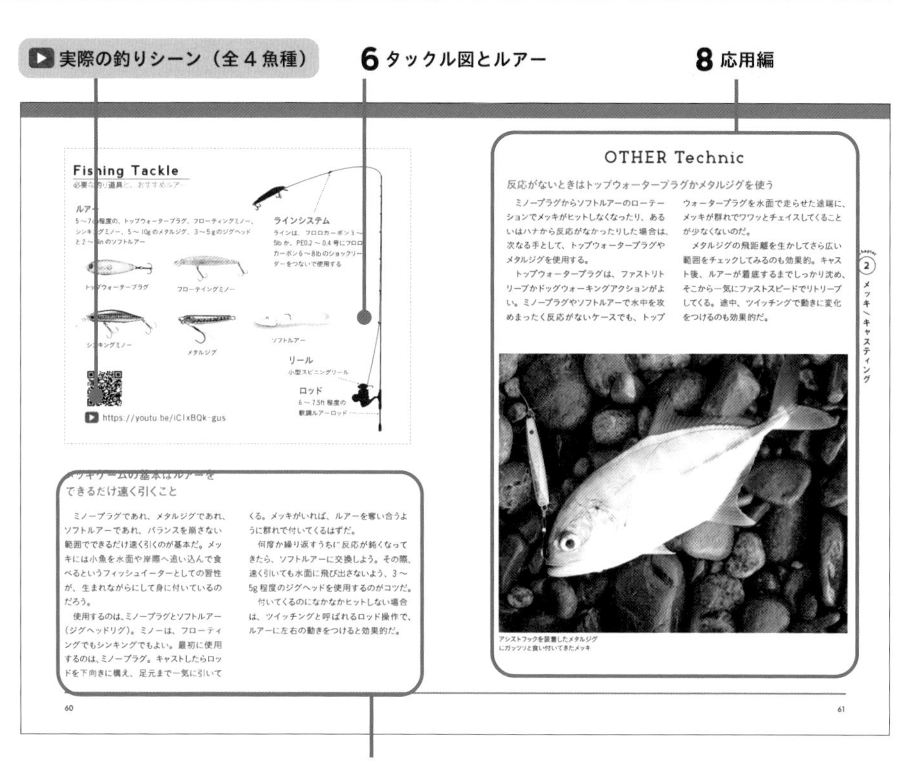

Fishing Tackle
必要な釣り道具と、おすすめルアー

ルアー
5～7cm程度の、トップウォータープラグ、フローティングミノー、シンキングミノー、5～10gのメタルジグ、3～5gのジグヘッドと2～3inのソフトルアー

トップウォータープラグ　フローティングミノー　シンキングミノー　メタルジグ　ソフトルアー

ラインシステム
ラインは、フロロカーボン3～5lbか、PE0.2～0.4号にフロロカーボン6～8lbのショックリーダーをつないで使用する

リール
小型スピニングリール

ロッド
6～7.5ft程度の軟調ルアーロッド

https://youtu.be/iClxBQk-gus

メッキゲームの基本はルアーをできるだけ速く引くこと

ミノープラグであれ、メタルジグであれ、ソフトルアーであれ、バランスを崩さない範囲でできるだけ速く引くのが基本だ。メッキには小魚を水面や岸際へ追い込んで食べるというフィッシュイーターとしての習性が、生まれながらにして身に付いているのだろう。

使用するのは、ミノープラグとソフトルアー（ジグヘッドリグ）。ミノーは、フローティングでもシンキングでもよい。最初に使用するのは、ミノープラグ。キャストしたらロッドを下向きに構え、足元まで一気に引いてくる。メッキがいれば、ルアーを奪い合うように群れで付いてくるはずだ。

何度か繰り返すうちに反応が鈍くなってきたら、ソフトルアーに交換しよう。その際、速く引いても水面に飛び出さないよう、3～5g程度のジグヘッドを使用するのがコツだ。

付いてくるのになかなかヒットしない場合は、ツイッチングと呼ばれるロッド操作で、ルアーに左右の動きをつけると効果的だ。

60

OTHER Technic

反応がないときはトップウォータープラグかメタルジグを使う

ミノープラグからソフトルアーのローテーションでメッキがヒットしなくなったり、あるいはハナから反応がなかったりした場合は、次なる手として、トップウォータープラグやメタルジグを使用する。

トップウォータープラグは、ファストリトリーブかドッグウォーキングアクションがよい。ミノープラグやソフトルアーで水中を攻めまったく反応がないケースでも、トップウォータープラグを水面で走らせた途端に、メッキが群れでワワッとチェイスしてくることが少なくないのだ。

メタルジグの飛距離を生かしてさら広い範囲をチェックしてみるのも効果的。キャスト後、ルアーが着底するまでしっかり沈め、そこから一気にファストスピードでリトリーブしてくる。途中、ツイッチングで動きに変化をつけるのも効果的だ。

アシストフックを装着したメタルジグにガッツリと食い付いてきたメッキ

Chapter 2 メッキ／キャスティング

61

7 基本の釣り方

著者の経験に基づいたわかりやすい解説。上達へのヒントとなるネタも解説しています。

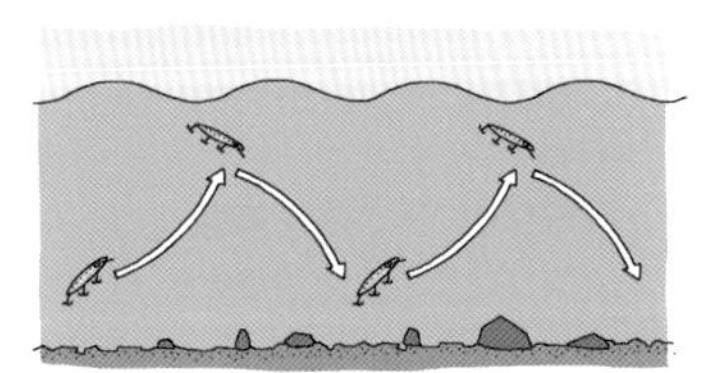

基礎編ではイラストでの解説も多く掲載

実際の釣りシーン（全４魚種）

このアイコンと QR コードがあるトピックには動画を用意しています。お手元のスマートフォン等で読み取って動画をご覧ください。※動画は著者の YouTube「正海チャンネル」の動画を本書のために再編集したものです。

8 応用編

基本の釣り方以外に、応用的な内容や、別のテクニック、楽しみ方などを解説しています。

動画をまとめて観る

https://youtu.be/T-NI6E1Kxj8
こちらにアクセスすると本書の動画をまとめて観ることができます。

INDEX

※本書は2020年発行の『海のルアー釣り 完全BOOK 新版 基礎と上達がまるわかり!プロが教える最強のコツ』を元に、新たに動画コンテンツの追加と装丁の変更、必要な情報の確認・更新を行い、「改訂版」として新たに発行したものです。

CAPTER1

基礎知識

このアイコンがついているトピックには動画を用意しています。誌面と合わせてご覧ください。

OFFSHORE	オフショア：船釣り
SHORE	ショア：陸っぱり

CAPTER2

実践

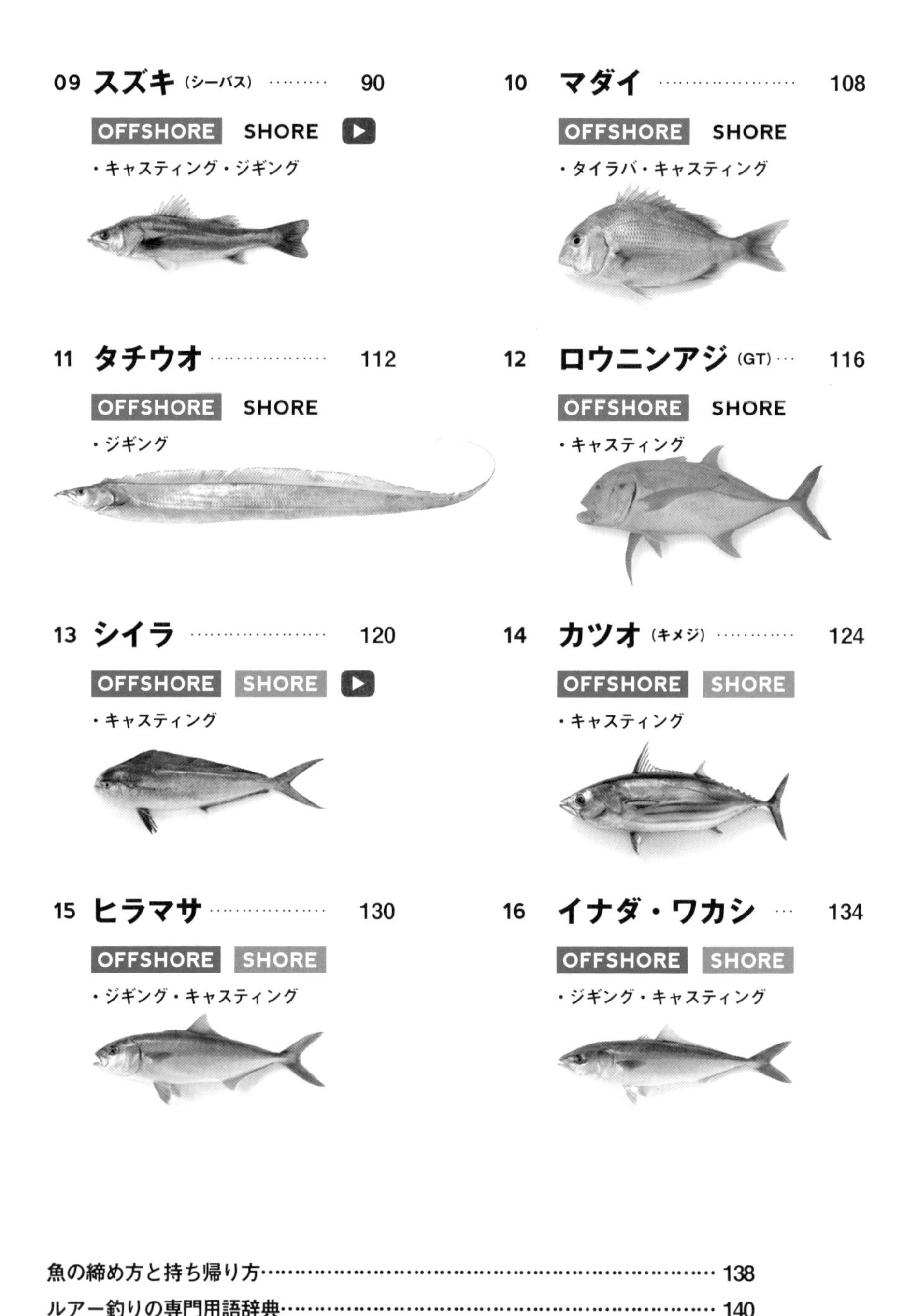

CHAPTER1

基礎知識

POINT 01

多彩なルアーを駆使して船から狙うことができる魚種

ルアーで釣れる魚（船）

ルアーフィッシングの醍醐味は手軽に多彩な魚種を狙うことができること。特に船（オフショア）では憧れの超大型魚も手にできる！

船で釣れる魚

●イナダ（スズキ目アジ科）

ワカシ、イナダ、ワラサ、ブリと、成長するにしたがって呼び名が変わる出世魚。関西では 40 ～ 60cm クラスをハマチと呼ぶ。最大で1m近くになる。釣期は春～初冬。

●カンパチ（スズキ目アジ科）

目を横切るように頭にかけて黒褐色の帯が八の字に入るのでカンパチと呼ばれる。外洋の船釣りでは1m級が釣れるが、岸から一般的に狙えるのはショゴと呼ばれる 30 ～ 50cm 級。釣期は春～初冬。

●カツオ（スズキ目サバ科）

紡錘形の魚体で、大きいものは 10kg を超える。カツオ類はカツオ、マルソウダ、ヒラソウダ、スマ、ハガツオの5種だが、カツオのみ腹部に黒い縞模様があるので見分けやすい。釣期は夏から初秋。

●シイラ（スズキ目シイラ科）

外洋の表層に群れを作って回遊し、流れ藻や流木に居着く性質がある。船から狙うことが多いが、夏になると外海側の堤防、急深の砂浜海岸などにも回遊する。大型のオスは頭部がでっぱっている。

OFFSHORE

ルアー釣りでは、船で沖に出て行う釣りをオフショアと呼ぶ。船釣りは、遊漁船の乗り合い船や仕立船、シーバスなどではボートをチャーターするなどいろいろな方法がある。

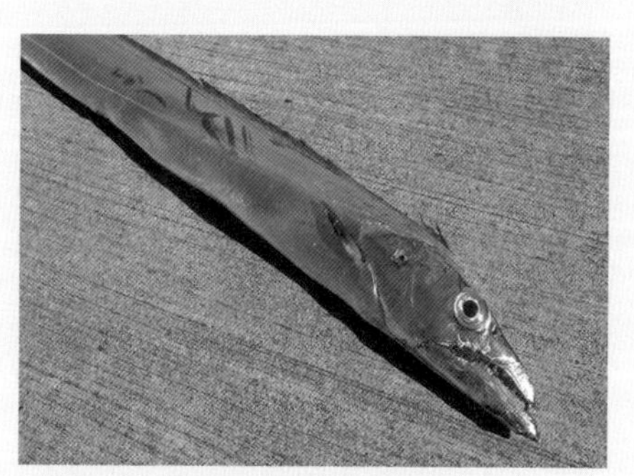

●タチウオ（スズキ目タチウオ科）

全身が銀色に輝く層で覆われ、まるで太刀のような魚体が特徴。日中は深場に潜むが、夕方から夜になるとエサの小魚を追って、岸近くの表層に浮上する。1m以上のものもある。釣期は秋～初冬。

●ヒラマサ（スズキ目・アジ科）

イナダ（ブリ）に似た体形で、うっかりすると見間違える。見分け方は上唇後端上側の形が角を落としたように丸いのがヒラマサ、鋭角的に角張っているのがイナダだ。全長は最大で 1.6 m。

●マダイ（スズキ目タイ科）

大きいものは1mにもなる。砂地と岩礁帯が絡む海域を好み、小魚や甲殻類を捕食する。チダイやキダイに似ているが、本種は尾ビレの後縁が黒いので簡単に見分けられる。釣期は初夏～晩秋。

●ロウニンアジ（スズキ目アジ科）

アジ類の最大魚で、全長 1.5 m近くにもなる。釣り人の間ではGT（ジャイアント・トレバリー）の愛称で知られている。若魚は「メッキ」と呼ばれ、黒潮に乗って本州沿岸にたどり着く。

POINT 02

根魚から軟体系のイカまで多彩なターゲット

ルアーで釣れる魚（陸）

海ルアーの入門は、やっぱり陸っぱりからのアプローチ。磯、堤防、砂浜とさまざまなフィールドで多彩な魚が待っている！

港湾・堤防、磯など陸から釣れる魚

●アジ（スズキ目アジ科）
尾びれの付け根から体側の中央にゼイゴと呼ばれる特殊なウロコがあるのが特徴。ルアーで狙うアジは15～25cmがレギュラーサイズ。夜行性だが、回遊があれば日中でも狙える。釣期は初夏と秋。

●メバル（カサゴ目フサカサゴ科）
2008年にクロメバル、アカメバル、シロメバルの3種に分類された。小型甲殻類や小魚を捕食する。岩礁帯や藻場を好み、初冬のころに接岸する。最大で35cmほどになる。釣期は初冬～春。

●スズキ（スズキ目スズキ科）
シーバスの愛称で知られるルアーの超人気ターゲット。沿岸や内湾に生息し、出世魚としても知られる。30cm以下をセイゴ、30～60cm未満をフッコ、60cm以上をスズキと呼ぶのが一般的だ。

●アカハタ（スズキ目スズキ亜目ハタ科）
暖かな海域の潮通しのよい磯場に住む根魚（ロックフィッシュ）の代表魚。濃い赤色の横帯が体側に5本あり、背ビレの上端が黒い。体長20～30cmがよく釣れるが、大きいものは40cmを超える。

SHORE

ルアー釣りでは、陸から釣る釣りを陸っぱり（おかっぱり）、ショア（英語で沿岸を意味する）と呼ぶ。ショア / 陸っぱりは具体的に砂浜、河川、磯、港湾 / 堤防などを指し、陸からでも多彩な魚を釣ることができる。

●アオリイカ（ツツイカ目ヤリイカ科）

体型はコウイカに似ているが、甲はなく丸みを帯びた大きなエンペラを持つ。イカ類で最も沿岸性が強い。春に生まれて翌春に産卵、一年で生涯を終える。春から初夏の産卵期、新仔の育った秋がシーズン。

●クロダイ（スズキ目タイ科）

関東では幼魚をチンチン、若魚をカイズ、成魚をクロダイと呼ぶ。関西ではチヌ。タイ科の中で最も沿岸性が強く、岩礁帯や砂地、汽水域にも生息する。ヒレ先が黄色いキチヌ（キビレ）は近縁種。

●ヒラメ（カレイ目ヒラメ科）

体形は縦扁し、片側に両方の眼がある。ヒラメは眼を上に、口を下にして置くと左向きになる。砂地、砂礫の海底に潜み、小魚類を捕食する。最大で1mほどになる。釣期は春～初冬。

●マゴチ（カサゴ目コチ科）

魚体は著しく扁平し、幅広い頭部はまるでヘビのよう。砂地底に生息し、シロギスやハゼなどを捕食する肉食魚。大きいものは 70cm を超える。夏の高水温にも強く、釣期は初夏から秋。

POINT 03

魚種や環境、釣り方で選択が変わる

ルアーの種類と概要

ルアーはハードルアーとソフトルアーに分けられる。前者は木材やプラスチック、金属などの硬い素材。後者は軟質プラスチックが主な素材だ。

ルアーは大きく分けて２種類

ハード

プラスチック・
木材などでできたもの

ミノー、ペンシルベイト、バイブレーション、ポッパーなど種類が多彩

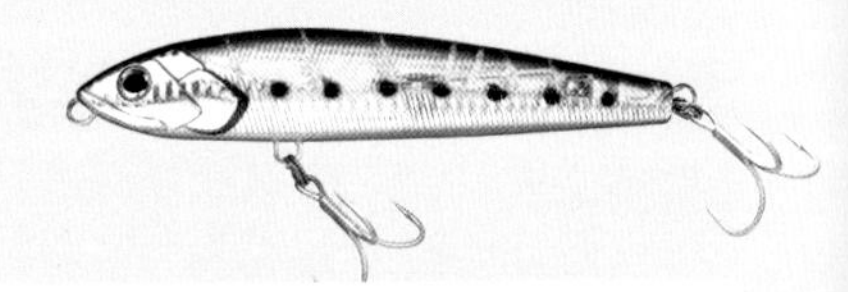

金属ででき、水に浮かないもの

金属素材で作られたルアーで、その代表がメタルジグやスプーンだ。飛距離が出て沈下速度も速い

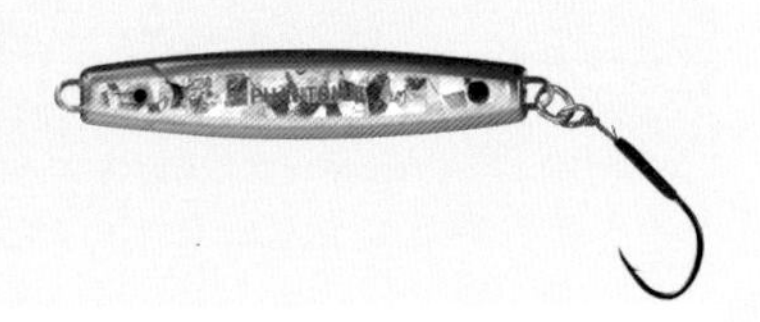

ソフト

ゴムなど、材質が軟らかいもの

ワームとも呼ばれる軟質プラスチックを素材にしたルアーの総称。専用のハリに刺して使用する

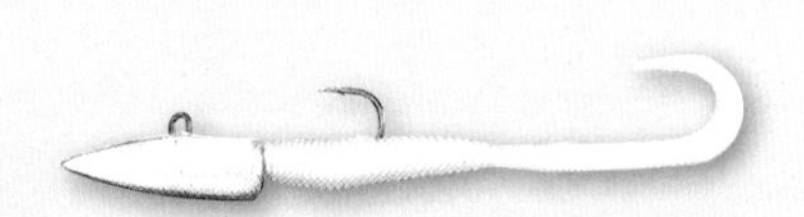

ルアーはアクションよりも状況に応じて何を選ぶかが重要

ルアー釣りでは、いかにアクションをつけるかというよりも、ターゲットの種類、大きさ、フィールドのシチュエーションによってルアーを使い分けることのほうが重要。だからこそ、ルアーには数多くの種類とカラーがラインナップされている。

ルアーは木、プラスチックでできたハードルアー、軟質プラスチックやラバーなど軟らかな素材で作られたソフトルアーに分けられ、さらにハードルアーでもエサとなる魚の形を模したミノーやペンシル、棒状の金属でできたメタルジグなどに分類される。

ソフトルアーは小魚や甲殻類、イソメ類の形を模して作られている。これを専用のハリに刺して使用する。仕掛けを総称してリグと呼ぶ。

また、ルアーには得意な泳層（レンジ）が設定されており、狙う魚の就餌する水深に合わせ、使用ルアーを選ぶことが重要だ。

ルアーの種類と浮力の違い

トップウォータープラグのポッパーやペンシルは表層で扱う

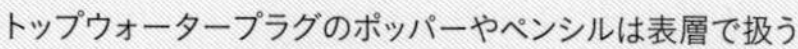

海で使われる代表的なルアー

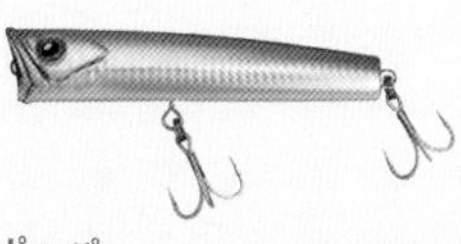

ポッパー

ロッドをシャクると水面でカポカポという音と、泡を発する。青物と呼ばれる回遊魚やシイラなどに有効

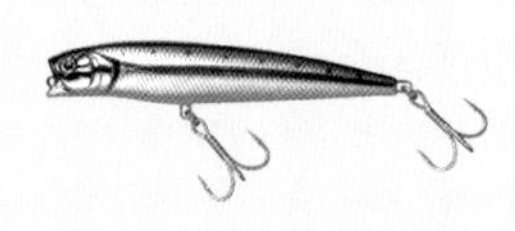

ペンシル

ロッドをシャクリながらリーリングすることで、ヘッドを左右に振りながら滑走する。回遊魚やシーバス向き

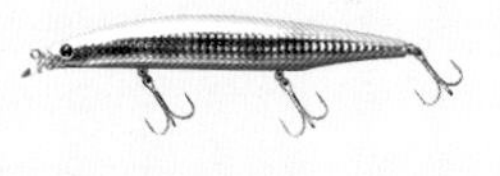

ミノープラグ

小魚を模したボディにリップが付いている。水に浮くフローティング、沈むシンキングの2タイプがある

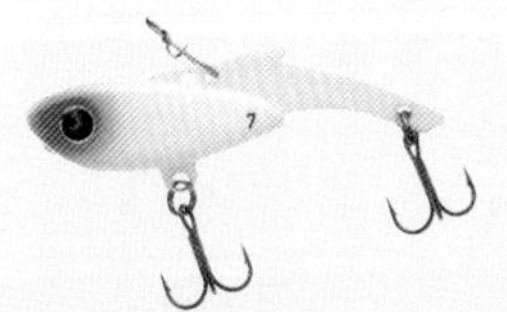

バイブレーション

扁平型で背中にアイがある。ボディをブルブルと震わせて泳ぐ。表層から海底近くまで探ることができる

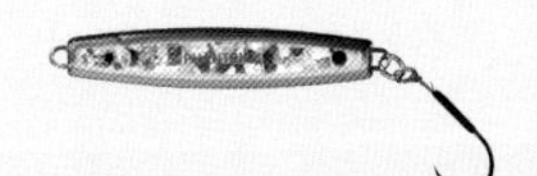

メタルジグ

遠投性能に優れ、速巻きアクションにも対応。回遊魚に効果的だが、ヒラメやシーバスにも威力を発揮

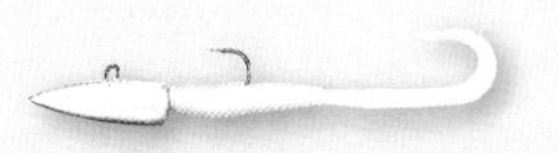

ソフトルアー

形、大きさ、リグの選択次第で表層から海底まで探れる。メバル、タチウオ、ヒラメと対象は幅広い

POINT
04 ソフトルアー

魚種、フィールドやレンジに幅広く対応

ナチュラルな動きで根魚や小型回遊魚を誘うソフトルアー。リグ(仕掛け)を使い分ければさまざまなフィールドやレンジに対応。

ソフトルアーの種類

ソフトベイトやワームなどとも呼ばれ、ハリに刺して使用する軟らかなルアー。ボディ、テールの形で動き方が異なる。ハリとオモリを組み合わせた仕掛けをリグと言い、組み合わせ方で幅広いレンジを探ることができる。

ストレート・タイプ

真っ直ぐで細身のシンプルな形状のワーム。アクションが付けやすく応用の幅も広い

グラブ・タイプ

イモムシのような太目のボディが特徴。その存在感で魚に視覚的なアピールをする

クロー・タイプ

エビやザリガニなど甲殻類を模したワーム。太目のボディに足を模した数本のテールがある

シャッドテール

テール先端がテーブル状になっており、水流を受けて小魚が尻尾を振るようなアクションをする

カーリーテール

カールしたテールが水流になびく。アピール度が強く根魚に有効。2つ付いたツインテールタイプもある

ピンテール

ボディに比べて細く、真っ直ぐなテールが特徴。テールが微細に震える。メバルやアジなどに効果的

ソフトルアー(ワーム)は、ボディの形状、テールの形の組み合わせで多種多様なターゲットを狙うことのできる万能ルアーだ。ハードルアーにはない食い込みのよさに加え、一つのルアーで表層からボトムまで幅広く探ることができることが大きな魅力である。

ルアー自体にハリが付いていないため、オモリやハリを組み合わせた仕掛け(リグ)を組むことによって、幅広いレンジを探ることができるのだ。同じワームでもリグを変えるだけで、どんな状況にも対応できる。

さらに、使用するワームの大きさを選べば、メバルやアジなどの小型魚から、ヒラメやマゴチなどの大型魚まで釣り上げることが可能なのだ。リグによってはカサゴなど、根掛かりの多いポイントに潜むターゲットを専門に狙うこともできる。

ジグヘッドリグ

オモリとフックが一体化したものをジグヘッドと呼ぶ。メバル、アジ、カサゴ、シーバス、タチウオ、クロダイなど、表層から底層までオールマイティーに使用できる。形状的な使い分けとしては、フックの大きさがポイントで、太さをワームに合わすようにする。

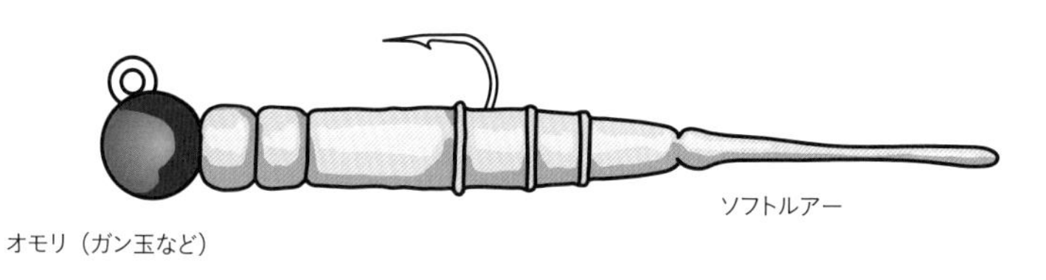

スプリットショットリグ

ガン玉などのオモリをフックから離してセットすることで、ワームを自然に泳がせてアピールする。メバルやアジなどに有効。水深のあるポイントなどでボトムまで速く沈めることができ、根魚にも効果的だ。

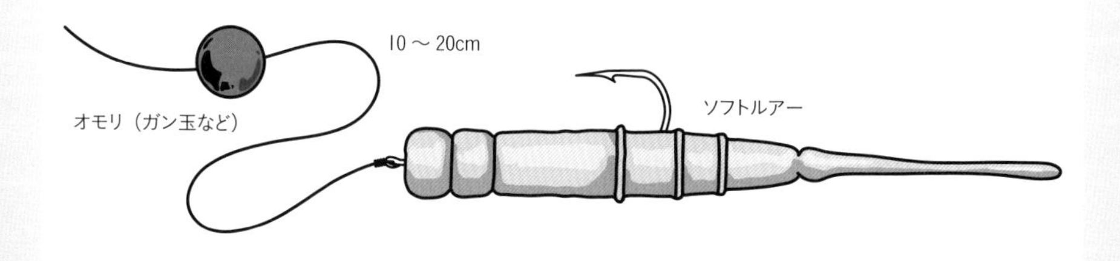

テキサスリグ

バレットシンカーと呼ばれる弾丸の形をした中通しオモリを通し、オフセットフックにラインを結ぶ。根掛かりしにくく、障害物周りを探るときに有効。ズル引き、ボトムバンピングなど海底を意識した釣りに向いている。

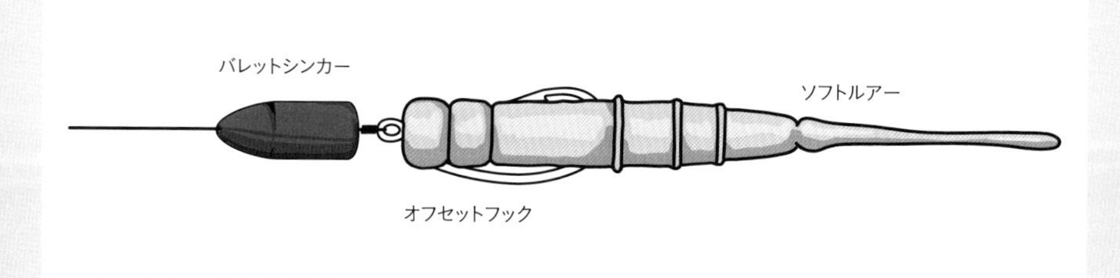

POINT

05 視覚で魚にアピールするルアー選定の肝 基本的なルアーのカラー

無限とも言えるほどの組み合わせがあるルアーのカラー。さまざまな条件に合わせてカラーをどう選ぶかが、ヒット率の差となる。

ミノープラグを丸飲みにしたクロダイ。ルアーの形やアクション、そしてカラーがマッチした結果だ

ルアーのカラーはアピールとナチュラル

さまざまな形、大きさがあるルアー。それだけでも膨大な数にのぼるが、さらに多彩なカラーバリエーションが用意されている。こうなると、どれを選んでよいのか迷うばかりだ。そこで、ルアーカラーの基本的な選び方を紹介する。

基本的なルアーカラーのバリエーションは大別して2つ。1つは派手な色合いでターゲットの気を引くアピール系だ。もう1つはエサとなる小魚の色に合わせたものや、自然で違和感のない色合いのナチュラル系となる。

これはミノー系のルアーだけではなく、メタルジグやソフトルアーにも通じる考え方だ。夜行塗料が施されたグロー系のワームやホログラムなどが、アピール系ルアーカラーの最たるもので、ナイトフィッシングで効果的。ナチュラル系ではイワシカラーや稚アユカラーなど、捕食している小魚に似せたカラーが代表的だ。

プラグ系のカラー展開

ナチュラル系カラー

稚アユ

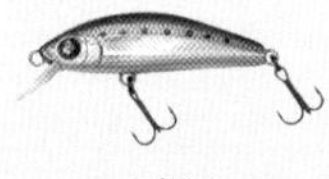
マイワシ

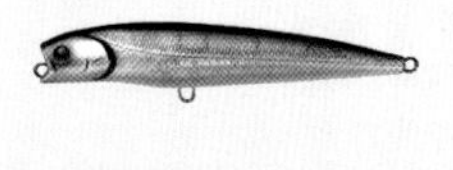
タチウオ

イワシや稚アユなど、魚が補食しているエサに似せたカラーがナチュラル系の代表的なカラー。フライフィッシングで言うところのマッチザベイトだ。また、ウロコに似た色合いのシルバーや、水色に溶け込むクリアー系など、自然に存在する色合いもナチュラル系に含まれる。

アピール系カラー

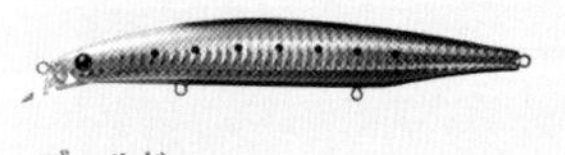
ゴールド

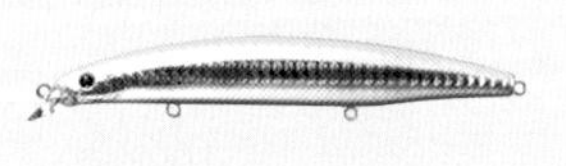
レインボー

蛍光イエロー / パール

アピール系とは、ギラリギラリと光を反射するゴールド、レインボー、蛍光イエロー、パールホワイトなどの目立つ色を使用したカラーで、魚の関心を惹き付ける。自然界では存在しない色で、夜間や濁り潮などでも効果を発揮する。

メタルジグのカラー展開

ブルー

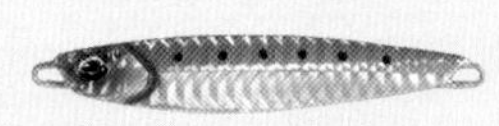
ピンク

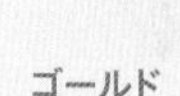
ゴールド

基本的なカラーは大きく分けてブルーとピンク。水色が濁り気味ならピンク系、透明度が高ければブルー系と使い分けるが、これはあくまで目安。ゴールドやシルバーなど各色用意して、周りでよく釣れている人のカラーを参考にするのが得策。水深のある釣り場ではグロー系も持参するとよい。

ソフトルアーのカラー展開

オレンジやイエロー

グロー

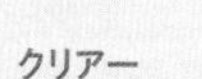
クリアー

ワームはターゲットによって効果的なカラーが異なる。メバルやカサゴなどはイエローやオレンジ、グロー系などがアピール力が強く、スレてきたらクリアー系が威力を発揮する。マゴチやヒラメなどは、ハゼやシロギスなど補食している魚の体色に似せた色合いも揃えておくとよい。

POINT

06 エギとカラー

和製ルアーを駆使してアオリイカを狙う！

ルアーは舶来の釣り方だが、日本にも古くから擬似餌による釣りがあった。それがエギと呼ばれるエビや小魚を模した和製ルアーなのだ。

エギの基本構造

基本的に外観はエビや小魚に似せた形で、素材はプラスチックか発泡材が主流。ボディの下地にカラーテープを貼り、その上から各色の布が貼り付けられている。先端にラインを通すアイ、前方下部にはオモリ、後部にはカンナと呼ばれるイカを掛けるハリが装着されている。

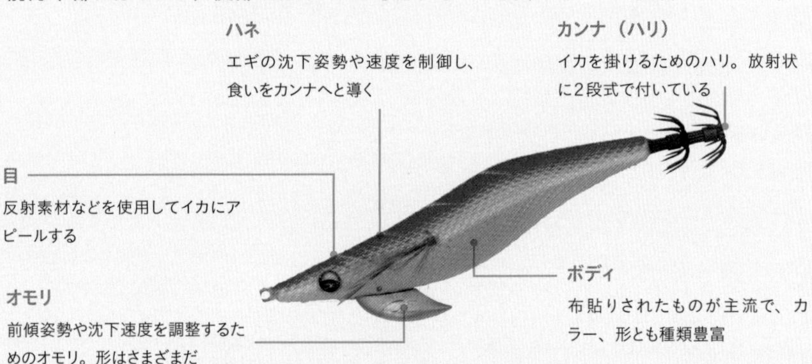

カラー展開が多いエギは基本の2色を用意しよう

エギの起源は江戸時代中期。鹿児島の漁師が松明の燃えがらにアオリイカが抱き付くのを見て、木にハリを付けたのが始まりと言われる。時代を経るにつれて、木から発泡材に、形状も細くなったり、表面に布を貼ったり、進化を遂げている。

その最たる進化がボディのカラーで、実に多彩だ。背中の色や柄、下地の色なども含めると、それこそ無限と言えるほどのバリエーションが存在し、そのすべてを釣り場に持ち込むことは不可能。

どうするか……まずはできるだけ見やすいカラーのエギを使うこと。具体的にはオレンジとピンクの2色を用意したい。日中のピーカン時や潮色が澄んでいるときはピンク系を、潮が濁り気味のときや朝夕のマヅメ時、あるいは夜間のゲームでは、主にオレンジ系と使い分ける。

しかし、エギが擬餌である以上、反応が薄れるのは否めない。そんな時は複数色のエギを持っていれば、それだけ手の内が多くなる。この判断こそがルアー釣りのおもしろさでもある。

押さえておきたいエギのボディカラー

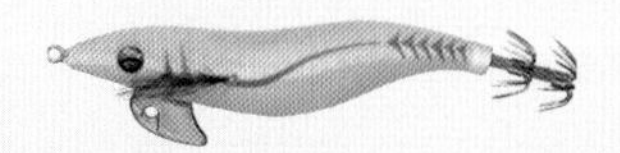

オレンジ

背のカラーがオレンジ。朝夕のマヅメ時、濁り潮時、あるいは夜間のゲームで主に使用する

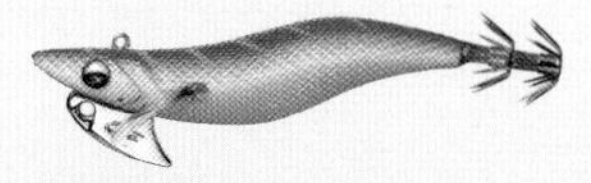

ピンク

背のカラーがピンクで視認性がよい。日中のピーカン時や潮色が澄んでいる時に使用すると効果的だ

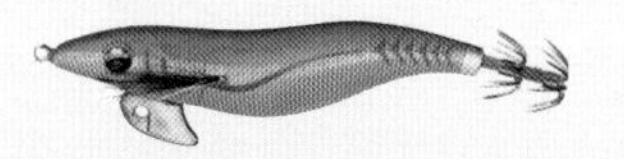

オリーブ

背の色がオリーブ、アジカラー、モスグリーンなど、何色か用意しておくとイカがスレた時に役立つ

エギの基本的な動き

エギの基本操作は、狙ったポイントまでエギをキャストすること、確実にボトムまで沈めること、鋭くシャクってアオリイカを惹き付けること、そしてエギに抱き着かせることの4つだ。

シャクリの基本はできるだけ鋭く、その場でエギが跳ね上がるようなアクション

3～3.5号をベースにエギを揃えておこう

市販されているエギのサイズは、2号から4.5号程度まで。これらサイズの違うエギを何種類か持ち歩き、カラーセレクトとともに、状況に応じて使い分けることになる。

エギのサイズはイカの大きさに合わせるのが基本。小型が多いときは2.5号、大型主体なら4号を使用する。もちろんこれは一般的なモデルケースとしての話。失敗が少ないのは、年間を通して3～3.5号をベースにしておくこと。このサイズなら小型でも大型でもそつなく釣れる。

釣り方は、エギをキャストしたらボトムに着くのを待ち、余分な糸フケを巻き取ってからシャクリを入れる。強くシャクるとエギは水の抵抗を受けてバランスを崩し、左右どちらかにスライドしながら斜め上へ跳ね上がる。

しかし、シャクリだけを繰り返してもイカは乗らない。シャクったところで動きを止めてエギを沈める（フォール）。シャクリで寄せてフォールで乗せるのだ。

POINT 07

釣りをするための第一ステップ

ラインの性質と結び方を知る

釣り人と魚をつなぐ生命線とも言えるメインライン。素材の特性を把握し、使用ルアーに応じて使い分けたい。ラインの結びは必須課題だ。

準備しておきたい ラインは2種類

ルアー釣りで使用するラインは2つに分けられる。リールに巻くメインラインと、その先に接続するショックリーダー（先糸）だ。基本的に30cm以下の小型魚にはリーダーは不要だが、ルアーを丸飲みする魚や歯の鋭い魚を狙うときはもちろん、PEラインをリールに巻く場合は必ず接続する。

ラインの単位は太さを示す号数と、強さを示すlb（ポンド）テストで、ルアー釣りでは後者がよく使われる。ポンドテストとは、その重さが掛かると切れるという意味で、10lbなら4.5kg（1lbは約0.45kg）の重さまで耐えられる。同じ10lbのラインでも使用素材によって太さが異なるのだ。

そんなラインは、ルアーやリーダーと接続しなければ意味がない。次のページで紹介する結び方は、比較的簡単で最も代表的なものなので、必ず覚えておこう。

ラインは主に 3 種類

英語で言うところのメインライン。しなやかさ、細さ、強さなどに加え、伸びのあるなしなど素材の特性を把握し、使用ルアーに応じて使い分けたい。

ナイロン

最もトラブルの少ないライン。伸びがあるためバラシが少なく、リールへの馴染みもよく、扱いやすさは一番。さらに比重が水に近いため、軽快にルアーを操ることができる。ビギナーにはおすすめのラインだ

PE

細い繊維を縒り合わせて作られたライン。引っ張り強度が非常に強く、細い号柄が使用できる。伸びがほとんどないので超高感度を実現。遠投したルアーにもしっかりとロッドアクションを伝えることができる

フロロカーボン

フッ素系樹脂を素材にしたラインで、伸びが少ないために感度がよく、摩擦にも強い。さらにナイロンよりも比重が大きいため沈みが早く、軽いルアーを沈ませて使用するときなどには適している。リーダーにもよく使われている

HINT

PE ラインの扱い方と選び方

PE ラインは、細い原糸を 4 本〜 12 本縒り合わせて作られており、本数が増えれば増えるほど強度が増す。エサ釣りでもルアー釣りでも、メインラインとして利用される。

PE ラインの大きな特徴は、比重が小さく吸水性がなく、伸縮性もないため、ルアーが操作しやすいというメリットがある。ただし、デメリットとしては、細い繊維でできているため摩擦に弱く、根ズレや魚の歯で切れやすいなど、ラインブレイクが起きやすい。

その対処として、フロロカーボンやナイロンをショックリーダーとして PE の先に結び使用する（糸と糸の結び方には、いくつか方法があり、次の頁で解説）。ショックリーダーは、メインラインとバランスのとれた強度（太さ）を選ぶ。また、PE ラインは船からのジギングで主に使用されるため、10 m ごとに色分けされており、タナを合わせる際の目安となる。

金属とラインを結ぶ

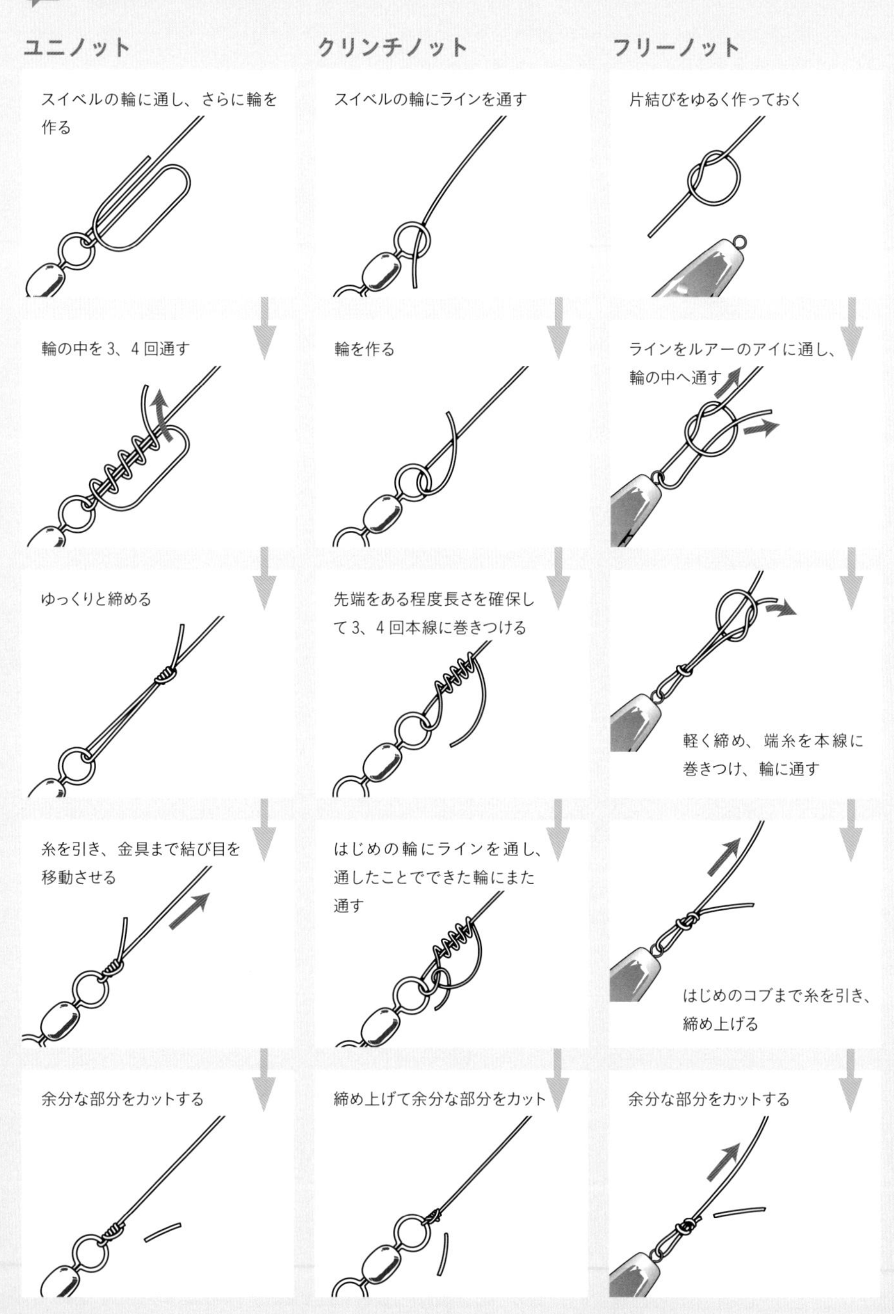
ユニノット
スイベルの輪に通し、さらに輪を作る
輪の中を3、4回通す
ゆっくりと締める
糸を引き、金具まで結び目を移動させる
余分な部分をカットする
クリンチノット
スイベルの輪にラインを通す
輪を作る
先端をある程度長さを確保して3、4回本線に巻きつける
はじめの輪にラインを通し、通したことでできた輪にまた通す
締め上げて余分な部分をカット
フリーノット
片結びをゆるく作っておく
ラインをルアーのアイに通し、輪の中へ通す
軽く締め、端糸を本線に巻きつけ、輪に通す
はじめのコブまで糸を引き、締め上げる
余分な部分をカットする

ライントラインを結ぶ

FGノット

PEをリーダに巻きつける

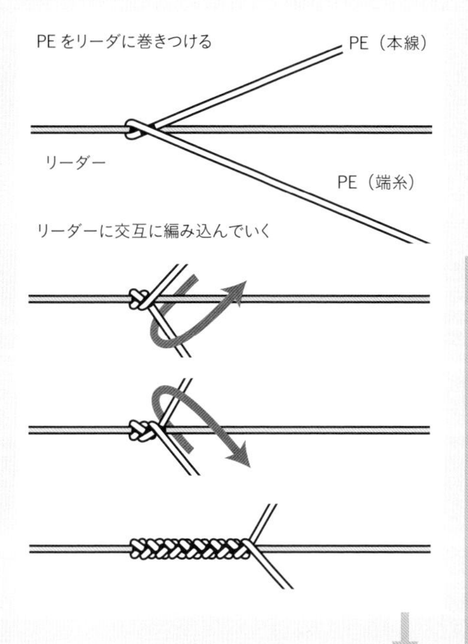

リーダーに交互に編み込んでいく

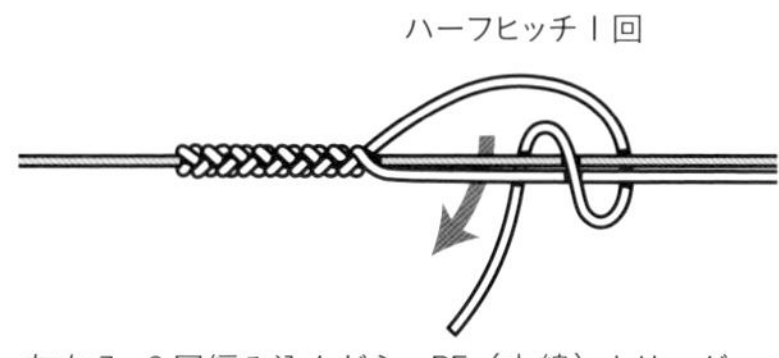

左右7、8回編み込んだら、PE（本線）とリーダーを合わせ、PE（端糸）でハーフヒッチをして締める

リーダーとPE（本線）に、PE（端糸）を3、4回巻きつける

ゆっくりと締める

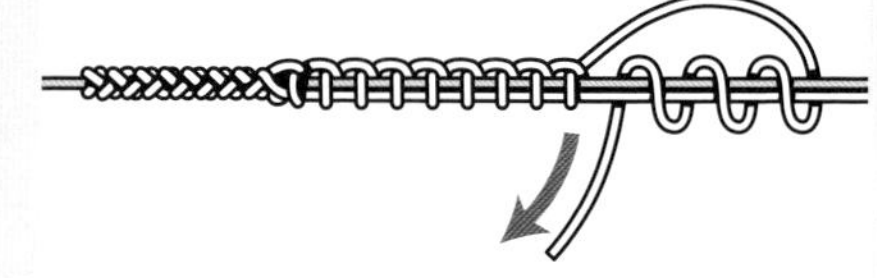

きつく締め上げ、リーダーの余分な部分をカットする

余ったPEの端糸で4回ほど編み込む

最後は巻きつけた時にできた輪にまた糸を通し（エンドノット）、締め上げてPE、リーダともに余分な部分をカットする

POINT 08

ヒットを確実にキャッチへ導くアイテム

フックについて

釣りをするために必要なアイテムは数かずあるが、唯一、魚と直接触れるのがフック。その種類と使い方を理解して釣果につなげよう。

トレブルフックは3方にハリが付いているためバランスがよく、ハリ掛かりも非常によいため、ルアーに装着される基本形となっている

市販されているルアーには、最初からフック、スプリットリングが装着されており、ラインを結べば、即使用できるようになっている。フックのタイプは主にシングルフック、ダブルフック、トレブルフックの3種類に分けられる。

トレブルフックはハリ先が3本ある、もっとも代表的なルアー用フック。ハリ掛かりがよく、バランスも取れている。2本バリのダブルフックは、底近くを釣るルアーに最適で、根掛かりしにくい。エサ釣りなどでもお馴染みの1本バリがシングルフック。食いが浅い時などでも吸い込みがよく、ハリ掛かりしやすい。

何度か魚を掛けるとハリ先も鈍る。現場ではフックシャープナーなどで研ぐとよいが、傷んだら市販のフックを購入して交換する。ただし、最初にセッティングされているフックサイズに合わせることが肝心。大きいと泳ぎが緩慢になり、小さいとフッキング率が下がるからだ。

フックの種類と付ける位置

ミノープラグなどには、基本的にトレブルフックが装着されている。その数はルアーの大きさによって2～3本。頭側をフロントフック、尻側をリアフックと呼んでいる。

基本的なフックの形

トレブルフックは三方にハリが付いているためバランスがよく、ハリ掛かりも非常によいため、ルアーに装着される基本形となっている

フックが2つ付いている意味

魚種によって、後ろからルアーを追う場合はリアフックに、下から襲うならフロントフックに掛かるよう考えられている

バーブレスとは

ハリ先付近に付いているカエシをバーブと呼び、そのカエシがないタイプがバーブレス。ハリを外しやすく、魚を傷付けにくい

メタルジグにつけるフック

メタルジグなどリアに装着されたトレブルフックの補助用とし活用されていたのがアシストフックだ。現在では、フロントにアシストフックを1本だけ装着するケースが多い。

アシストフック（シングル）

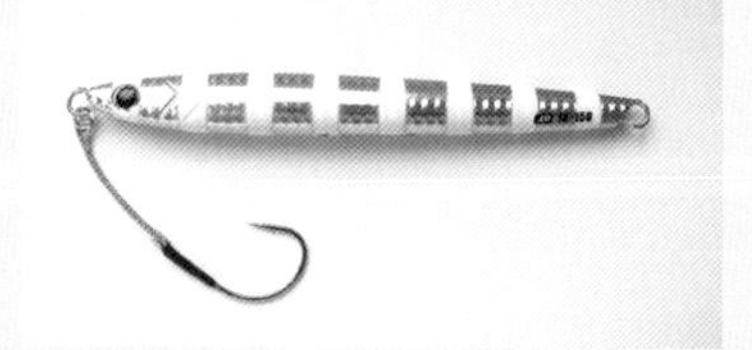

フロントに付ける

青物など頭から補食しようとする魚に対するフッキング率が向上する。大きなアクションでも糸絡みしにくい

アシストフックは元々、メタルジグやワームに後から装着したハリのこと。メリットはフッキング率の向上。ジギングでは、アシストの枠を超えてメインフックとして役割が多くなっている。その結果、アシストフックのみをメタルジグのフロント部に装着して使用することがポピュラーになった。

また、深場でジャークを繰り返すときなど、リアにトレブルフックが付いているとラインに絡んでエビ（フックが逆さになる）状態になりやすい。

アシストフックとジグを接続するには、金具を使わずにそのままアシストフックの輪を利用してつなぐか、スイベルやソリッドリング（つなぎ目のない輪）、スプリットリングの組み合わせなど、さまざまな方法がある。

POINT 09

スムーズなキャストと巻き上げのために

リールの選び方

堤防から小型ルアーでメバルを狙うならスピニングリール。船上からジキングでタチウオを釣るならベイトリール。適材適所の使い分けを知っておこう。

リールには2種類がある

海のルアー釣りで使用されるリールは、スピニングリールとベイトリールの2種類。スピニングリールはキャストがしやすい万能タイプ。ベイトリールは巻き上げ力が強く船直下を狙うジギングに最適だ。

スピニングリール

特徴

ほとんど抵抗なくラインを放出できるため、軽いルアーでもキャストしやすく、高速で巻き上げられる。ラインにヨレが発生しやすい

ベイトリール

特徴

スプール軸を両側で受ける構造で「両軸受けリール」とも呼ばれる。ラインをダイレクトに巻くため巻き上げ力が強く、ヨレも起こりにくい

リールの特性を理解して、釣り方によって使い分けよう

ルアー釣りで使用されるリールは主に2種類。スピニングリールとベイトリールだ。それぞれの特徴は前述した通り。対象魚やフィールドによって使い分ける。

堤防やボートなどから軽いルアーをキャストしてメバルなどの小物を狙うなら、飛距離の出るスピニングリールが使いやすい。一方、船上から重たいメタルジグなどを直下に落とし込んでのジギングには、片手でラインの放出が可能で、スプールから直線上に糸が放出されるベイトリールが向いている。感度がよく、巻き上げ力も強い。

しかし、ベイトリールは馴れないとキャスト時にバックラッシュなどライントラブルが起こりやすい。よってスピニングリールが入門には最適だ。リールの大きさは、ロッドとのバランスを考慮したい。大きすぎると重くなって感度が鈍り、小さすぎるとラインに巻きグセがつきやすくトラブルの原因にもなる。

各部名称

スピニングリールは、ハンドルを巻くとローターが回転してラインをスプールに巻き取っていく。魚に強く引かれたときにスプールが逆転してラインが出る機構をドラグと呼ぶ。

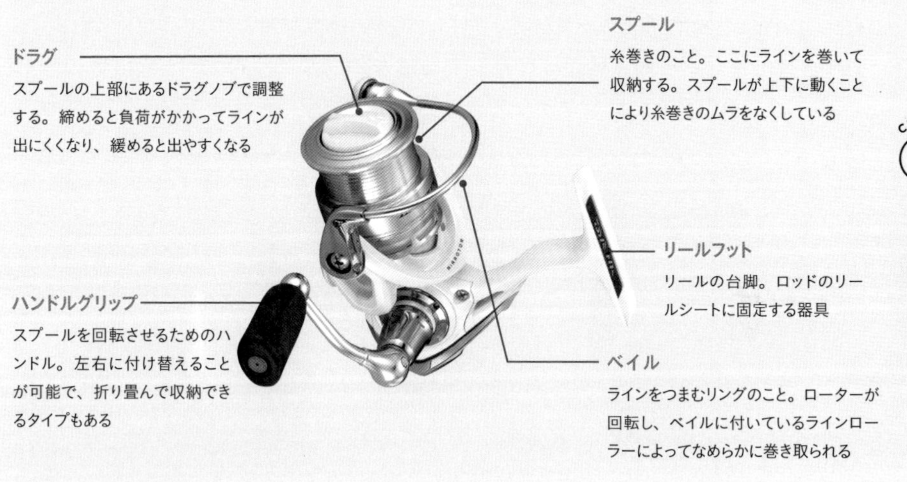

リール選びでおさえておきたいポイント

幅広いターゲットに対応するスピニングリールを選ぶ際、どんなアイテムを選べばよいのか？その指針となる3つのポイントを紹介しよう。

POINT1　リールのタイプ

各メーカーのカタログにはジャンル別、ターゲット別にリールが紹介されているので、それらを参考に選ぶとよい。糸ヨレが少なくハンドルの回転がスムーズで、ドラグ調整の幅が広いスピニングリールがよい。海水で錆びつかないソルト対応がベスト。

POINT2　リールの大きさの見分け方

リールの大きさは、品名の最後に付いている○○番という数値で判断できる。これはラインの糸巻量を表しているもので、メーカーによって違いがある。すべてを一律に比べるわけにはいかないが、基本的に番手の数値が大きくなるほど、リールも大きくなると考えてよい。

POINT3　ドラグの種類

スプールの上にドラグノブの付いているものをフロントドラグ、ストッパーレバーの下に、ツマミが付いているタイプをリヤドラグと呼んでいる。ドラグの代わりにローターの動きに直接ブレーキをかけるレバーブレーキ式のリールもある。

POINT 10

釣果と釣りやすさが劇的に変わる

ロッドの選び方

ルアーロッドといっても種類は豊富。ターゲットに応じた使い分けが必要だ。メバルなどの小型魚と、ヒラマサなどの大型魚では、求められるスペックが異なる。

ロッドの名称

ガイド
ラインを通す部分。現在では強度がありラインとの摩擦抵抗が少ないS iCリングが一般的だ

リールシート・グリップ
リールシートはリールを固定するための台座で、その上にあるのがフロントグリップ、下がリアグリップと呼ばれる

ティップ（竿先）
ロッドの最先端部分のことでトップとも呼ぶ。パイプ状のチューブラー構造と、内部が詰まったソリッド構造がある

ベリー（胴）
ロッドの中間で胴とも呼ぶ。魚のパワーを受け止める部分。この部分の曲がりが大きいタイプを胴調子と言う

ロッドのアクション（調子）を表す。この場合はライトアクションの意味

ロッドの長さを表す。この場合は8ft 6in

ロッドの適合ルアーウエイトを示す。この場合は6～20g

ロッドの適合ライン強度を示している。この場合は4～12lb ということだ

ロッドの長さはft（フィート）とin（インチ）で表される。1ftは約30.48cmで、1inは約2.54cm。9ft 6inなら289.56cmということになる。実際は計算しにくいので、1ft＝30cm、1in＝2.5cmと考えれば、ロッドの長さもイメージしやすい。

ルアーロッドのアクション（調子）を表す場合、2つの種類がある。ひとつはヘビーアクション（Hと表記）、ミディアムアクション（Mと表記）、ライトアクション（Lと表記）などのパワー表記。

これはメーカー間で統一されているものではないので、一つのメーカー内でロッドを比べる場合の目安と捉えたい。

もうひとつ重要なのが、ロッドの曲がり具合。先だけ曲がるのがエキストラファスト。順に、ファスト、レギュラー、スローと、徐々にロッドがしなるときの支点がバットに寄ってくる。これは、どれがいいというものではなく、合わせをしっかり決めたいならファスト、乗りをよくしたいならスローを選ぶ。

ロッドの種類

海のルアー釣りに使用されるロッドは、装着するリールによってベイトリール用、スピニングリール用と、大きく仕様が異なっていることを覚えておきたい。スピニングタックルは軽量ルアーがキャストしやすいこと。ベイトタックルの強みはパワーがあることだ。

分割されているロッド

ロッドが分割されているタイプで、継ぐことで1本のロッドとして使用できる。分割されている数は「継ぎ数」や「ピース」などと表記されている。逆に継ぎ目がないものをワンピース・ロッドと呼ぶ

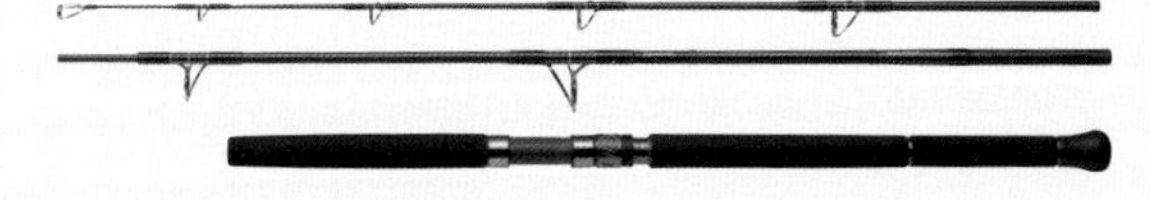

ロッドを継ぐ際は、真っ直ぐにガイドの向きを合わせて、抜けないようにしっかりと差し込むこと

振り出しロッド

伸び縮みする構造のロッドを振り出し、テレスコタイプなどと呼ぶ。最大のメリットはコンパクトに収納できること。デメリットはガイドを合わせて伸ばすなど手間がかかり、継ぎ目が多いのでロッドの調子が出しにくいことだ

メバルやアジ用ロッドは特別?

繊細なアタリを感じ取るメバル釣り用、アジ釣り用のロッドは大きく分けるとチューブラーティップ(中空穂先)とソリッドティップ(ソリッド穂先)のものがある。チューブラーはキャストできるルアーの幅が広く、パワーもあるオールマイティータイプと言える。

片やソリッドは、軽量ルアーをキャストしやすく、繊細なアタリを取るのに向いている。いわば、軽量ワームを駆使する場合のスペシャルロッドだ。

どちらがよいかはお好み次第だが、最初の1本ならソリッドティップのロッドがおすすめ。魚の動きを体でダイレクト感じることができ、ゲーム性を十分に味わえるからだ。

POINT

11 ロッドとリール以外で何が必要？ 揃えておきたい道具類

魚を釣るために必要なロッド、リール、ライン、ルアーなどの他、ラインカッターなどの小物類、収納用具なども準備しておきたい！

身に付けておきたいアイテム

身軽にポイントを移動することの多いルアー釣りでは、ライフジャケットなどに必要なアイテムを装着したり、収納することが大切。ラインを切ったり、ルアーを交換したり、釣れた魚を保持したり、さまざまなアイテムがあらゆる場面で活躍する。

ラインカッター

挟んで切るクリップタイプやハサミ型などがある。頻繁に使用するので、ピンオンリールなどに装着しておくと便利

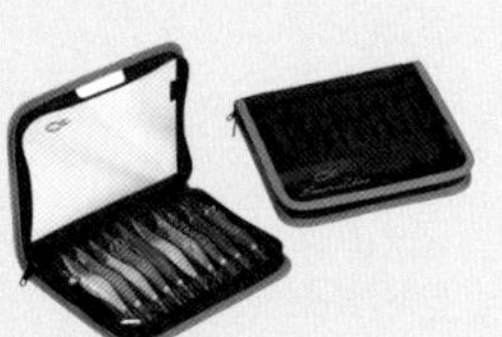

小型ルアーケース

釣り場で使用するルアーやエギなどを小分けにして、ライフジャケットなどに収納する

プライヤー

ルアーのスプリットリングにフックを脱着するときや、フッキングしたハリを外すときなど出番は多い

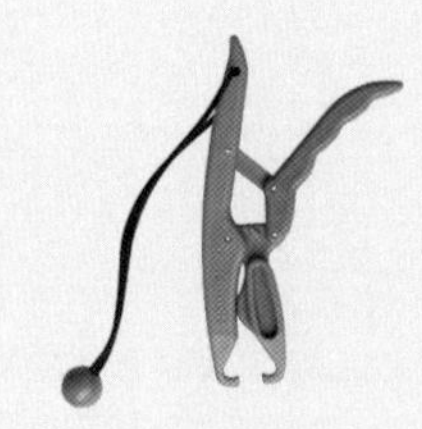

フィッシュグリップ

フックを外すときにしっかりと魚をホールドできる。アゴの力が強いタイ類や、トゲの鋭い魚にも有効だ

便利な道具を持参し、快適に釣りをしよう

タックルやルアーの他に、まだまだ用意したいアイテムがある。何をターゲットにするにせよ、基本的な装備はさほど変わらないので、最大公約数のアイテムを揃えておこう。

写真は、仕掛けを作る、ルアーを交換&チューンする、釣れた魚を保持するなど、釣り場に立ったときに必要となるアイテム群だ。これらはすぐに使用できるように、ライフジャケットにピンオンリールなどで装着するか、ポケットやショルダーバッグ、ヒップバッグに収納しておきたい。

さらに、タオル、飲食物、釣れた魚などを保冷しておくためのクーラー、各種ルアーを収納しておく大型ルアーケースなども、ベースとなる車に完備しておく。手洗い用のバケツや、血抜き用のフィッシングナイフなどもあると便利。道具は、どれも釣りを快適にするためのものだ。

防水バッグ

大切な釣り道具やカメラなどは防水バッグに入れて持ち歩く。バッカンなどで代用できる

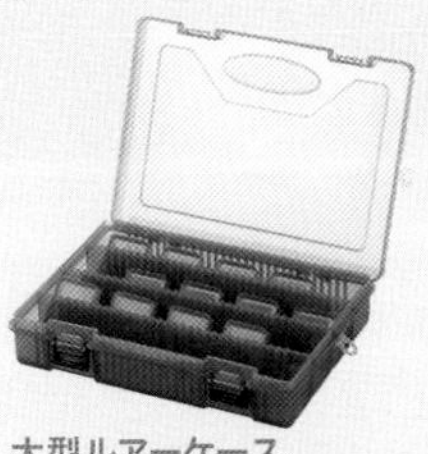

大型ルアーケース

種類や重さ、カラー別などでルアーを整理して入れておく。ここから小分けして小型ルアーケースへ

クーラーボックス

釣れた魚を保冷するのはもちろん、夏場など飲食物がいたまないよう保冷するためにも必要なアイテム

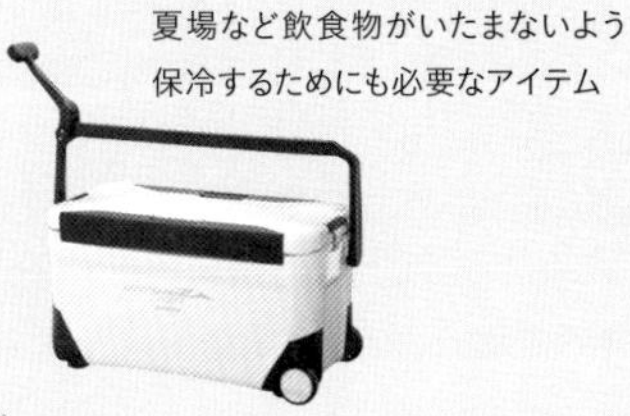

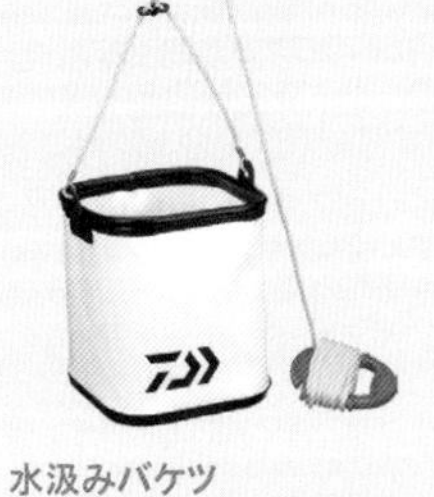

水汲みバケツ

ロープが付いており、足場が高い釣り場で海水を汲むときに必要。手洗いや魚の血抜きに使う

ライト類

暗い場所で仕掛けを作ったり、タックルを探したり、足元を確認したり、安全性を向上させる上でもライトは必要。さらに、故障や破損などでライトがひとつしかないと大変なことになるので、ヘッドライトとフレキシブルライトなど、必ず2つは持参すること

フィッシングナイフ

魚の鮮度を保つためには、締めて血抜きをすることが大切。そのためのナイフは必ず用意しておきたい

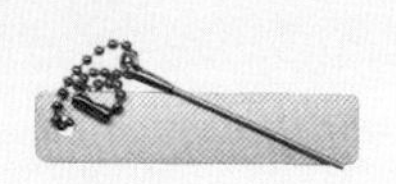

フックシャープナー

使用頻度が多くなるとルアーのハリ先が鈍くなってくる。その場でシュッシュッとハリ先を研ぐようにすると効率的

釣れた魚を手にするためのアイテムがネット＆ギャフ

魚がルアーにヒットした後、小型魚ならそのまま抜き上げればよいが、50cmを超えるような大型魚だと抜き上げることはできない。そこで必要となるのがランディング・アイテム。堤防や磯など足場の高い場所では伸び縮みする磯玉網が使いやすい。

ボートや船から大型魚を釣る場合は、ギャフを打ち込んで船内に引き上げる。放射状に引っ掛けカギの付いたアオリイカ専用のギャフもある。防波堤などの高さのある場所での釣りにも役立つ。

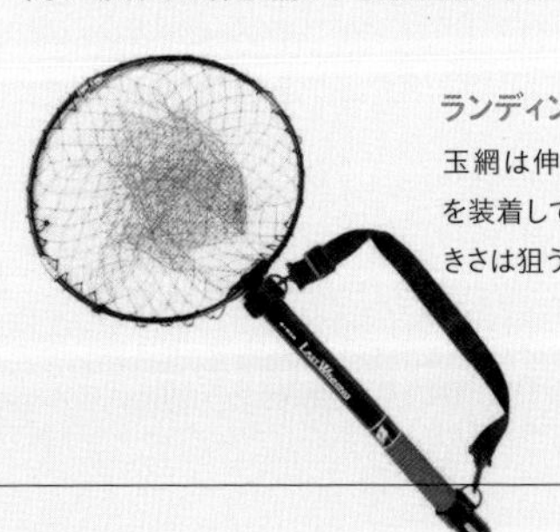

ランディングネット

玉網は伸び縮みする柄に網を装着して使用する。網の大きさは狙う魚に合わせる

ギャフ

アオリイカ用のギャフは先端が放射状に広がるようにできている

POINT 12

ルアー釣りを快適に、安全に楽しむ

釣りの基本スタイル

釣りの服装は、汚れても困らない、転倒してもケガをしないことが大切。そして何よりも動きやすいこと。機動性を重視したい。

まずは安全装備から揃える

リールにロッド、ウェアなど、ルアー釣りに必要なタックルやアイテムを選ぶのは楽しいが、それらと同じくらい重要なのが安全装備。自分の身の安全は自分で確保する。ライフジャケットやスパイクブーツなどが必要になる釣り場もある。

陸っぱり
船釣り

フィツシング・キャップ

転倒時の頭部保護、フックなどが頭に掛かることを防ぐとともに、雨や日差しを遮ってくれる

陸っぱり
船釣り

フィッシング・グローブ

魚のヒレやエラなどから手を保護するとともに、磯など尖った岩に手を突くときなどにも安心だ

陸っぱり
船釣り

偏光グラス

海面の乱反射をカットして水中が見えやすくなり、紫外線も防ぐいてくれる

機能的かつ防備力のあるウェア

釣り場などで転倒すると思わぬ大怪我を負ってしまうことがあるため、長袖・長ズボンが基本スタイル。紫外線対策や防虫対策にもなる。

必ず持参したいのがレインウェア。海の天気は非常に変わりやすいので、突然の雨・風に備えて準備しておきたい。薄くて動きやすく、ムレにくいものを選ぶ。ウインドブレーカー的にアウターウェアとしても着用できる。

そして、何よりも準備しておきたいのがライフジャケット。落水しても浮力体により体を水面上に浮かせてくれるので、救出してもらいやすくなる。磯場などでは滑り止めの付いたスパイクブーツが必要だ。

その他、頭部を保護するフィッシング・キャップ、岩や魚のトゲから手を保護するフィッシング・グローブ、ヒップガードは転倒時に腰周りを保護するだけでなく、岩場に座る際にも役立つ。

陸っぱり
船釣り

レインウェア

突然の雨、風に備えてレインウエアは必ず持参したい。できれば、動きやすい上下セットのものを用意

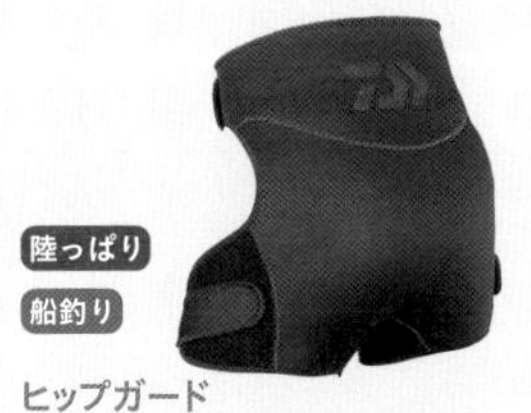

陸っぱり
船釣り

ヒップガード

座る際、尖った岩からウエアやお尻を保護してくれる。転倒時にはクッションの役目を果たす

陸っぱり

ウェーダー

磯へ渡るときやサーフに立ち込む場合に使用する。胸元までカバーするチェストハイ、腰までのウエストハイなどがある

陸っぱり

陸っぱり
船釣り

フィツシング・シューズ&ブーツ

最も気を配りたいのが足回り。基本的にくるぶしを保護できるブーツ・タイプがよいが、夏場はシューズ・タイプが快適。なお、どれを使用するにしても、必ずソール部分を確認したい。堤防やサーフならゴム底でもよいが、濡れた敷き石の上や磯を歩くときは、フェルトピンもしくはスパイク付きを選ぶ

ライフジャケットは釣りをする場所によって選ぼう

ライフジャケットとは、釣り人が落水してしまった時に、救助が来るまでの間、溺れずに浮いているようにサポートするための救命胴衣のこと。なお、ライフジャケットを着る際は股ヒモも装着すること。股ヒモは落水時に脱げないようにするアイテムである。

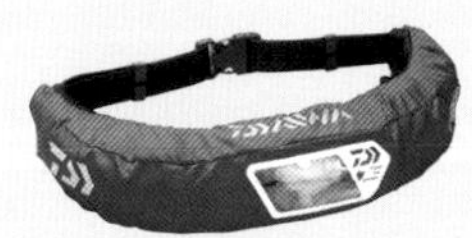

ライフジャケット

市販されているライフジャケットは膨張式タイプと浮力材内臓タイプがある。膨張式タイプは、手動もしくは自動でボンベ内のガスが浮き袋を膨らませて浮力が得られるタイプ。ただし、堤防や磯などから転落し、頭を打ち付けて意識がない場合など、手動式では意味をなさなくなるので注意したい

POINT
13
ルアーをキャストする前の準備
タックルのセットアップ

必要なルアータックルを準備したら、ドラグ調整やロッドのセッティングなど、快適な釣りを実現するためのセットアップを行う。

ドラグの調整

ドラグは、設定した以上の強さでラインが引かれた場合にスプールが滑り出し、ラインが切れてしまうのを防ぐ機能。通常のルアーフィッシングでは、使用するライン強度の3分の1程度に調整する。

ドラグのつまみを回転させる
スピニングリールでは、スプールの上のネジを締めて調節するフロント・ドラグが一般的。締めることでラインが出にくくなり、緩めると出やすくなる

ドラグを調整する
ドラグチェッカーなど専用の器具を使って調整したいが、大雑把な方法としてラインを手で強く引くと、ジリジリとドラグが逆転するくらいに設定しておく

まずは釣りの準備から

釣り場へ着いたら、まずはタックルのセットアップ。早くルアーをキャストしたい気持ちはわかるが、これをおろそかにするとロッドなどの破損に繋がることがあり、せっかく掛かった魚を逃がす原因にもなるので、あせらず落ち着いて行いたい。

手順は、【1】ロッドを継ぐ、振り出す。【2】ガイドの位置を確認。【3】ロッドにリールをセットする。【4】ラインをロッドのガイドに通す。【5】ドラグの調整。

ドラグの調整は、現場で行うより、事前にドラグチェッカーなどを使用して調整しておくのが望ましい。

タックルのセッティングが整ったら、釣る前に軽く試し投げをしておくとよい。万が一、ガイドにラインが通っていないなどといったセッティングに不備があっても、軽いキャストならタックルの破損は免れる。

ロッドに糸を通す

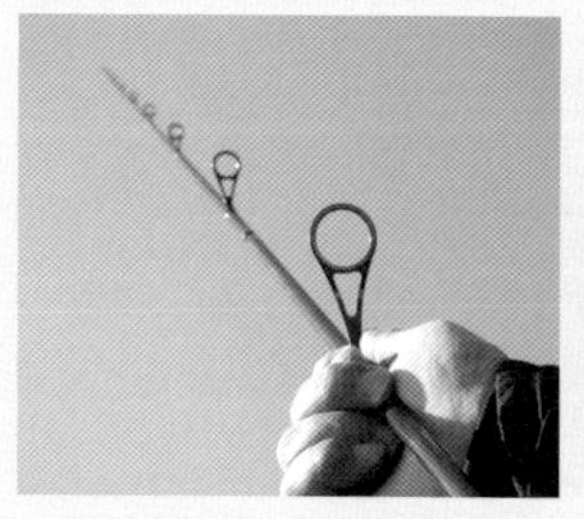

ガイドの向きを合わせてつなぐ
リールシート側にガイドが真っ直ぐになっているのを確認し、ロッドをしっかりと締め込む

リールに巻いたラインを取り出す
リールシートにリールフットを差し込んで固定し、スプールを起こしてからラインを取り出す

ガイドにラインを通す
元ガイドからトップガイドに向かってラインを通していく。通し忘れや、捻れなどに注意したい

リールの持ち方

指の間にリールを挟む
右手の握り（右利きの場合）は、リールフットを中指と薬指の間か、薬指と小指の間に挟み、掌全体でロッドを包み込むようにする。力を入れるのは小指から中指までの3本だ

ラインを指に引っ掛けてベイルを起こす
リールのベイルを起こし、ロッドの先端からルアーを40～50cmほど垂らし、右手の人差し指でラインを引っ掛ける。左手はグリップエンド（ロッドの下端）を包み込むように握る

タックルのメンテナンス

タックルのメンテナンスは、基本的に海水の塩分を落とすこと。ロッドは全体を真水で洗う。特にガイド部分とリールシートは念入りに。その後は乾いた布で拭き上げ、陰干しで水気を除くこと。

リールは、ボディをぬるま湯程度のシャワーにさっとくぐらせ、乾いた布で水分を拭き取ったうえで、さらに2～3日よく乾かしてから、可動部分にオイルをさしておくこと。スプールは真水に浸けてラインの塩抜きをし、ボディ同様のメンテナンスをする。

すすぎをしないと中身は錆だらけで動きが悪くなる

POINT 14

狙った場所へ確実にルアーを投入する

キャストの仕方

キャスティングの飛距離を伸ばすことも大事だが、何よりコントロールが求められる。キャスティング技術を身に付けよう。

キャストの流れ

最初にマスターしたいキャスティングは、オーバーヘッドキャスト。ルアーの軌道が頭の上となる投げ方で、剣道で言うところの「面！」のアクションだ。非常に簡単で飛距離も出るキャスティングだが、後ろに障害物のない広いスペースが必要となる。

1. 背後を確認する

大きなハリの付いたルアーは危険物。キャストする際は必ず周囲の安全を確認すること。特に後方は要注意だ

2.50cm ほど垂らす

ポイントに対して正面を向く。ルアーを 50cm 前後垂らし、ロッドを右肩に担ぐようにして構える

3. ロッドのしなりを生かしてキャスト

ロッドを縦に振るように意識して、右手を正面に押し出しながら、左手は腰の位置に引きつける

4. 指に掛けていたラインを離す

右手の人差し指に掛けたラインを離すタイミングは時計の1～2時の位置で、ロッドをピタリと止める

船でのキャスト

混雑した釣り船などでは、周囲の釣り人に危険が及ぶためオーバースローではキャストできない。船の狭いスペースで安全にキャストできるサイドハンドキャスト、アンダーハンドキャストを覚えよう。ルアーは人だけではなく船にもぶつからないように投げよう。

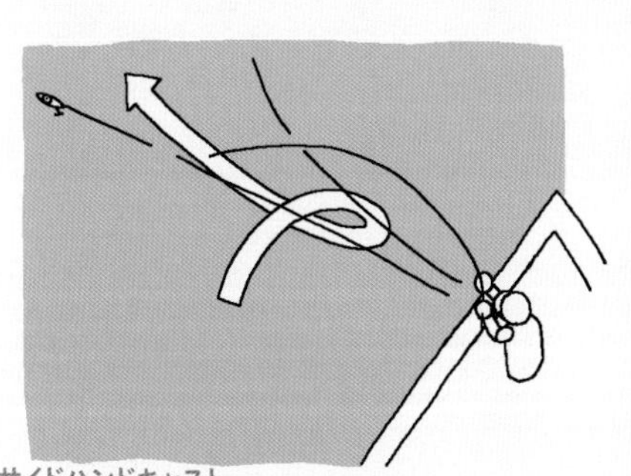

サイドハンドキャスト

ロッドを水平方向に振ってルアーを投げる横投げ。トモなどで利き手側に人がおらず障害物がない場所で有効。メリットは弾道が低くくロングキャストが可能なこと

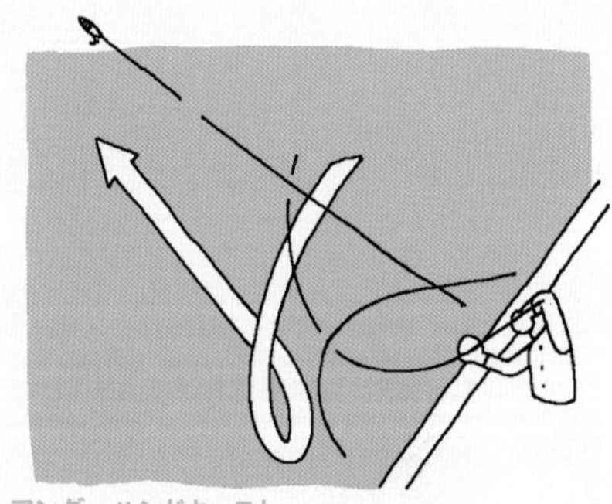

アンダーハンドキャスト

左右にスペースの取れない胴の間（船の中央・下図参照）でのキャスト方法。ルアーを船外に出した状態で、下から上に向かってスイングしてルアーを飛ばす

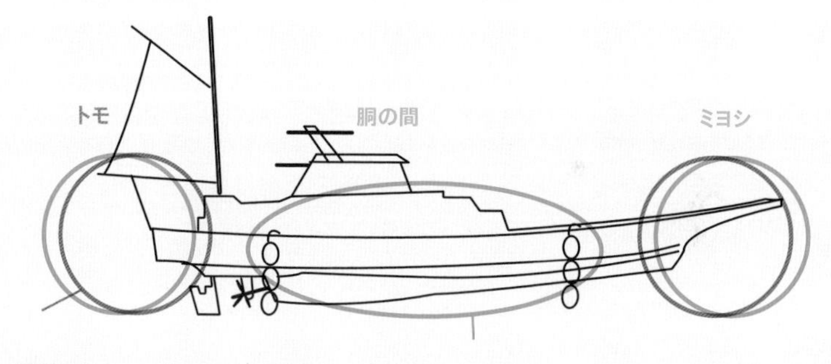

https://youtu.be/X5vnGZtEEiA

ルアーを遠くまで運べば、それだけ広い範囲を探れ、当然ターゲットと遭遇する確率が高くなる。ただし、いくら遠くへキャストできても、右へ行ったり左へ行ったりコントロールが定まらないのでは意味がない。正確に、かつロングキャストができて初めて、魚との遭遇チャンスが生まれる。キャスティングには、基本となるオーバーヘッドキャストの他、サイドハンド、アンダーハンドもある。まずはオーバーヘッドできっちりと、正確に投げられるよう十分練習を重ねておくことが大切。サイドハンドやアンダーハンドはその応用で習得できる。

ロッドにルアーの重みを乗せ、その重さを前方に放り投げる、といったキャスティングのコツさえつかんでしまえば、ロッドをサイドに振って振り幅を広くしても、タイミングがズレて正確さを欠くことはない。

POINT

15

エサに見せかけて魚を誘発する

ルアーの動かし方

ヒット率を高めるには、ルアー選択のほかに、ルアーの動かし方も重要となる。対象魚、フィールドに合わせた操作を習得しよう。

タダ引き（スティディ・リトリーブ）

その名のとおり、ただ真っ直ぐに一定速度で引いてくるリトリーブテクニック。バリエーションとしては表層、中層、底層とルアーの泳層を変化させる場合と、高速、中速、低速とリトリーブスピードに変化をつける方法がある。

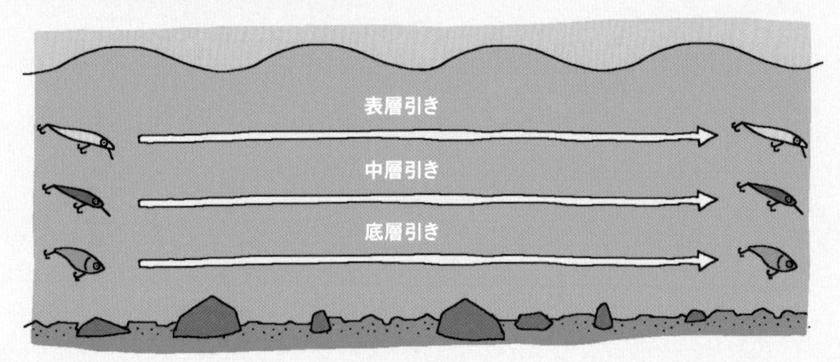

フリーフォール&カーブフォール

フォールとはルアーが沈んでいく状態のこと。フリーフォールはラインを放出しながらノーテンションでルアーを真っ直ぐに沈ませる状態。カーブフォールはキャスト後にラインの出を止め、テンションがかかった状態で斜めに沈下させる。

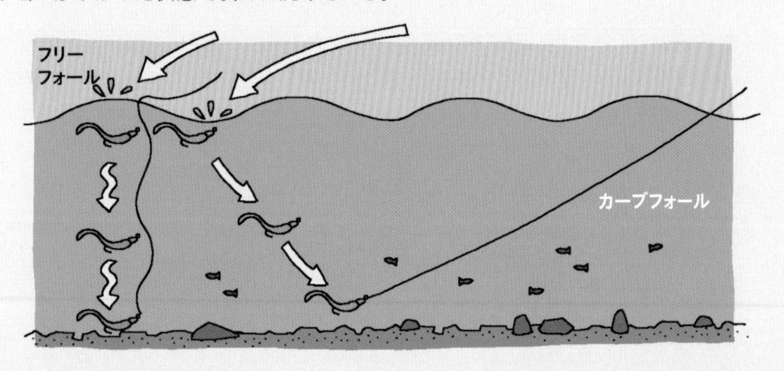

ツイッチング

ロッドを小刻みに動かして、ラインを張ったり緩めたりを繰り返すことで、ルアーを急激に動かし、ピタッと止めるテクニック。急激なスピードを与えることによって、ルアーはイレギュラーなダートアクションを見せる。

リフト＆フォール

「持ち上げて、落とす」こと。ロッド操作でルアーを持ち上げてアクションを止め、ルアーを沈ませるというテクニック。バイブレーションやメタルジグなどシンキングタイプのルアーを使うことが前提となる。

ドッグウォーキング

ペンシルベイトやポッパーなど、リップのないトップウォータープラグなどに施すアクション。ルアーを左右に振りながら泳ぎ進ませる。首振りアクションのコツは、ラインを張って、緩めるという動作の繰り返しである。

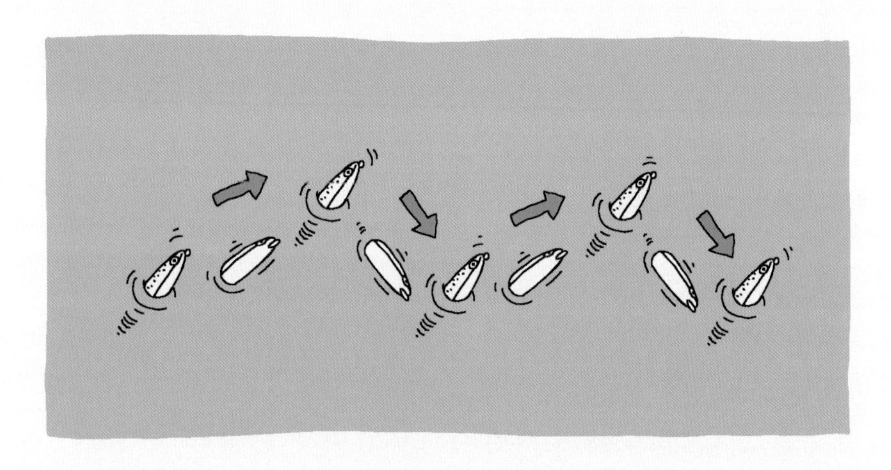

ストップ＆ゴー

リトリーブ中にルアーの動きを一瞬止め、またリトリーブを再開させるアクション。タダ引きからリトリーブを一瞬止めることによって、イレギュラーな動きを発生させ、魚を誘うことができる（リアクションバイト）。

ジャーキング

ミノーなどのルアーをキャストした後、リールのハンドルを回しつつ、ロッドを強くしゃくってイレギュラーなアクションを加え続ける。リールを巻くことで起きる直線方向の動きにロッドのシャクリで横方向への動きを加える演出だ。

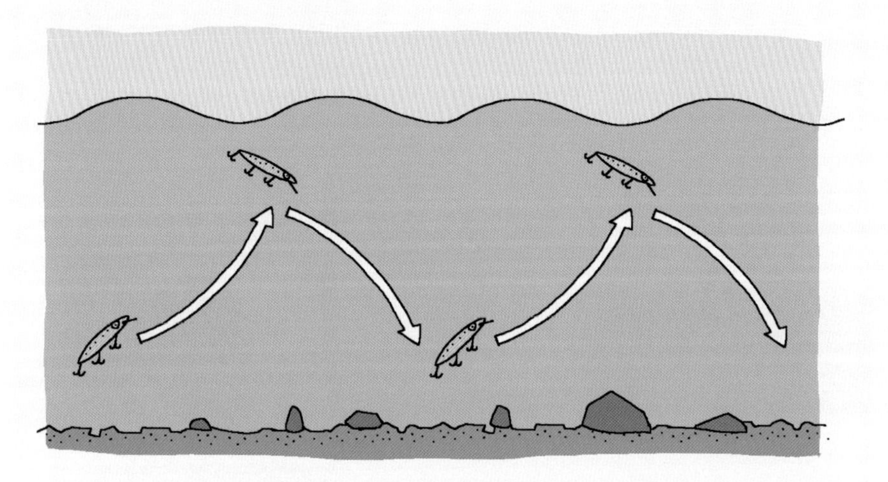

ポッピング

主にトップウォータープラグのポッパーを使用する際のアクション。ロッドをあおってルアーを動かし、ポコン、ポコンと2、3度泡を出すようなアクションで、引いては止めてを繰り返す。大型魚の場合は、引くアクションを大きくする。

POINT 16

釣りの条件を左右する自然現象

知っておきたい天気の話

釣りと天気は切っても切れない関係にある。釣行日の天気が予測できれば、最善の道具の準備や、釣り場、ポイントを選択できる。

風裏の釣り場なら、波風の影響を受けにくい。外海は大荒れでも釣りが楽しめる

釣行前日と、当日の天気予報は必ずチェックする

釣りへ行こうと思ったとき、事前にその釣り場の天候もチェックしておくことが大切。釣行日の天気が予測できれば、雨具を用意したり、風波の影響が少ないポイントを選んだりできるからだ。また、荒天時には釣行の中止も早めに決断できる。

特に風向きは、ルアーをキャストできるかどうかに関わる。追い風となる釣り場を選ぶことが、結果として釣果へと結びつく。

風向きを見定めるのに必要なのが、天気図の見方。ある程度の知識があれば、予想天気図から自分なりに天気が予測できる。

気圧とは空気の重さを圧力で表したものであり、ヘクトパスカル（hPa）という単位が使われる。天気がよくなるのは高気圧に覆われた時であり、等圧線の間隔が広いと風が弱まるので波も穏やだ。

風とは、気圧の高いところから低いところに向かう空気の移動のことであり、高気圧付近では時計回りに吐き出し、低気圧付近では、半時計回りに吸い込む。風向きは等圧線に対して斜め方向となるから、予想天気図からもある程度の風向きが読める。また、気圧の差が大きいほど、空気の移動が活発になり風が強くなる。等圧線が接近しているところは要注意だ。

天気図の見方

ある程度の知識があれば、予想天気図から自分なりに天気が予測できる。また、四季を代表する気圧配置を覚えておけば、どんな向きのどれほどの強さの風が吹くのかも予測できる。

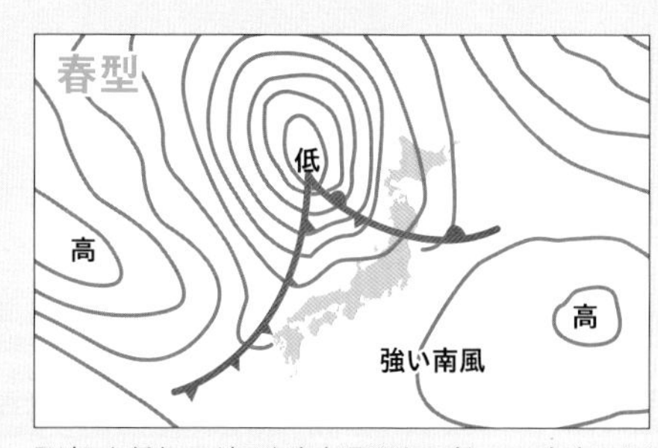

発達した低気圧が日本海を通過するパターン。春先によく見られる。春一番が吹くのも、この天気図のときだ。太平洋岸は大シケとなる

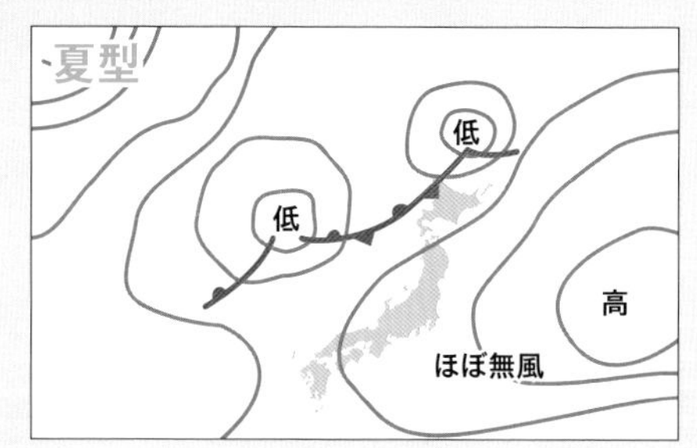

夏によく見られる気圧配置。太平洋高気圧が日本列島をすっぽりと覆い、無風に近い状態が続いて海上も穏やか。気温も上昇して猛暑となる

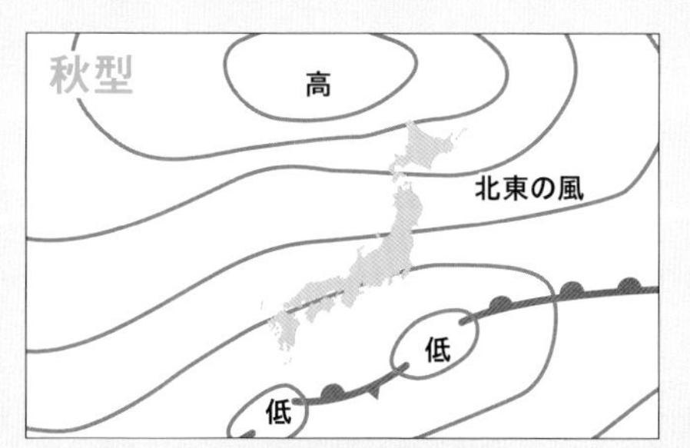

秋雨時の気圧配置で、梅雨時期にも見られる。低気圧と前線が日本の南岸上に停滞すると、連日北東風が吹くようになる

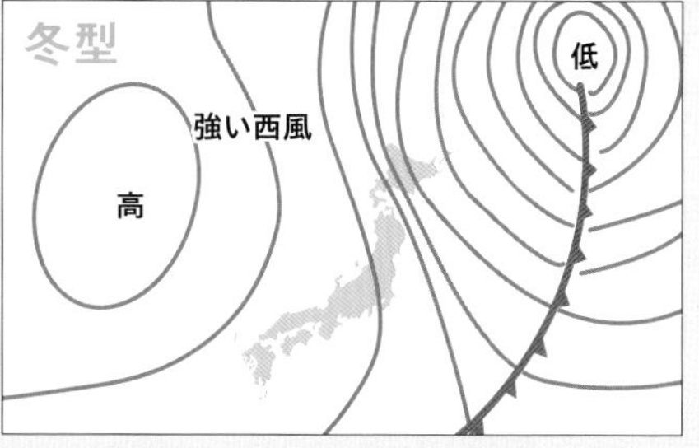

低気圧通過後、太平洋側では天気が回復して冬晴れとなるが、北西の季節風が強く吹く。等圧線の幅が狭いほど強い風が吹く

風と波の予報もチェックする

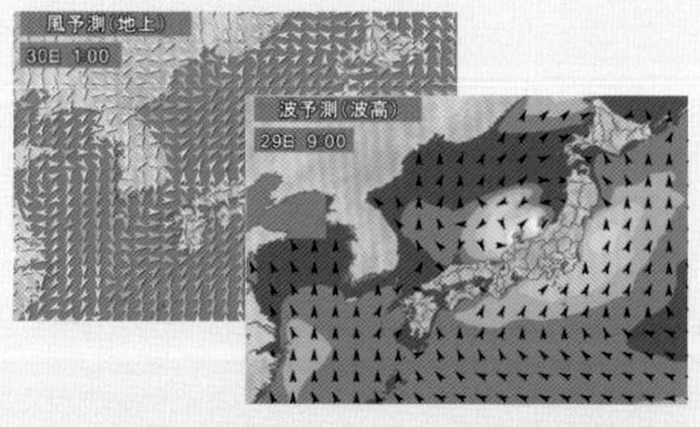

スマートフォンならアプリ、インターネットでは天気予報サイトで確認することができる。

天気図によっておおまかな風向きがわかるものの、直近の天気予報で風向きや風速、波の高さなどは確認しておきたい。風速が強いほど海面が押されて大きな波が打ち寄せてくる。これらの情報を元にして、釣り場選びに生かすのだ。例えば伊豆半島を例にすると、西風が強く吹き付ける状況なら、ナギを好むメバルなどは東伊豆へ。大きくサラシの出る西伊豆はヒラスズキ狙いに最適となる。

POINT 17

魚種、釣り方、楽しみが変わる

釣り場の選び方

海に面した沿岸すべてがルアーフィールドなのだが、磯や堤防、砂浜と形態は千差万別。ここでは代表的な釣り場とターゲットを紹介しよう。

漁港・岸壁

最も人気が高く、釣果も安定しているルアーフィールドが港周り。堤防あり、係船あり、波消しブロックあり、沈み根あり、海藻あり、船道あり、そして時には流れ込みありといった具合。ベイトが集まりやすく、それを捕食する魚たちの集まるポイントが多い。

港の規模にもよるが、最有力は一番外側に位置する大堤防。狙い目は堤防の角、先端、付け根、流れ込み周辺など水の動きに変化がある所。沈み根、船道、波消しブロックなどストラクチャー周りも狙い目

港や堤防と並んで、コンクリートで作られた港湾の岸壁も代表的な釣り場のひとつ。大型船が接岸する所は、沖側の水深がおおむね深く、多彩な魚がやってくる

磯

港に隣接した足場のよい小磯がおすすめ。磯とはいえそれほど険しくはないからだ。それでも安全装備は万全に整えてからチャレンジすること。ターゲットによって、潮通しのよい所、海藻や沈み根周りなどと、狙うポイントを見極めたい。

やさしい磯で十分経験を積んだら、本格的な磯に挑んでみるのもよい。ただし、単独釣行を避け、くれぐれも事故のないよう細心の注意を払うこと

ポイントとなる海藻や沈み根は、偏光グラスをかけて高い位置から見ると、明らかに他の場所の色と異なっている

磯のポテンシャルの高さと注意点

磯とは、海面上に露呈している岩礁帯のフィールドだ。陸続きの地磯と、岸から離れて浮かぶ沖磯がある。特に渡船を利用して渡る沖磯は、周囲を海に囲まれた超A級のポイント。ただしいずれの磯も、きちんとした知識と装備を怠ると、命に関わることになるので注意！

アオリイカなどは、スレていない沖磯へ渡れば大型のヒットも夢ではない

砂浜・河川

砂浜（サーフ）は、フラットフィッシュと呼ばれるヒラメ、マゴチ、さらには小型回遊魚やシーバスが釣れる好フィールド。豊富な栄養分を含んだ流れは、汽水を好む魚だけでなく、海にいる魚でさえも、エサを探しにやってくる。

延々と続く砂浜だが、ポイントの目安はある。波打ち際が深くなっている所や沖で波頭が崩れる所、海岸線が突き出ている所や奥まっている所など、水深や地形に変化がある所がポイントとなる

河口部の主なポイントは、潮止め堰堤の深み、河口に架かる橋の橋脚周り、河口にできるサンドバー、干潟など。水流に変化がつく所はすべてポイントになる可能性がある。雨後の増水には十分に注意する

ゴロタ場

ゴロタ場とは、丸いゴロタ石が敷き詰められた海岸のことで、砂浜よりも磯の趣が強い。沖へと続く海底に岩礁帯が点在している可能性が高く、小型甲殻類の格好の住み家となっている。これらをエサとするカサゴ、ムラソイ、メバルなどを狙ってみたいフィールドだ。

ゴロタ場ではなるべく小さな石の多い部分を歩き、安定している足場かどうかも確認したい。濡れていたり、海草が付いたりして滑りやすい場所も多いので注意が必要

魚が身を隠す場所が豊富なゴロタ場は、根魚の宝庫でもある。カサゴやムラソイ、メバルなどの魚影が濃い

近ごろ流行のルアー船！　その利用方法

まずは専門の沖釣り雑誌やホームページなどで、釣りたい魚、行きたい地域、出船している船宿を確認。予約制が基本で、前日までに船宿へ連絡すること。乗船のルールとしては、必ずライフジャケットを着用。乗合船の場合は、間に合わなければ先に出船してもらうのがルールだ。最後に、船の上では船長の指示を厳守すること。

POINT 18

当日の潮回りで釣果が変わる

潮汐と月齢

海には潮の満ち引きがあり、干満の差を大潮や小潮など潮回りで表している。「上げ3分で食う」など、魚の活性にも大きく関わっている。

潮汐とは

「太陽と月の引力による海面の上下運動」が潮汐現象である。一般的には潮の満ち引き（満潮・干潮）という言葉で表現されている。

月と潮の関係

潮の満ち引き（潮汐）は、月に面した側の海水が引力で引かれ、その反対側の海面が遠心力で盛り上がるため起こる

月の見方

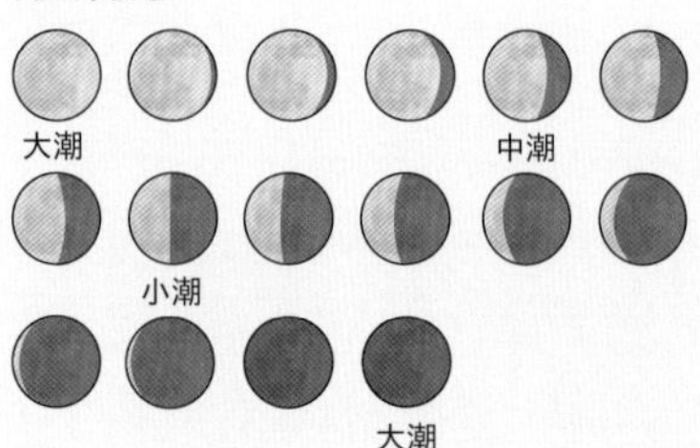

月の満ち欠けは、引力の強さの表れ。もっとも影響されるのが満月時と、真逆に位置し遠心力が最大となる新月時だ

潮回りとは、その日がどういった潮の動きをするのか、大潮や中潮、小潮といった呼び方で表すもの。仮に、1日目が大潮だったとすると、大潮＝4日、中潮＝3日、小潮＝3日、長潮、若潮、中潮＝2日と続き、全14日で1サイクルとなる。15日目からは、再び大潮からスタートする。

大潮とは、潮の干満の潮位差が大きい日であり、小潮は潮位差が小さい日、長潮は、干満の推移に時間がかかり、若潮は、再び潮が大きくなっていく最初の日ということだ。

ちなみに満月は大潮の日となり、次の大潮（2週間後）で新月となる。つまり、満月から月が欠けて、再び満月となるには4週間かかるということだ。

よく、満月の大潮のときに生物の産卵が行なわれると言われるが、これは潮がよく動くため、卵を広く拡散させられるからだ。もちろん、ルアーターゲットの活性も高くなり、活発にルアーを追うようになる。

タイドグラフ（潮時表）のチェックの仕方

タイドグラフ（潮時表）は満潮、干潮の時刻をグラフで示したもの。表のタテ軸が潮位、ヨコ軸が時刻となっている。波形の最上点が満潮、最下点が干潮で、どの時刻に、どんな潮位かがすぐわかるようになっているのが特徴だ。

・潮見表（タイドグラフ）の見方と気にしたいポイント

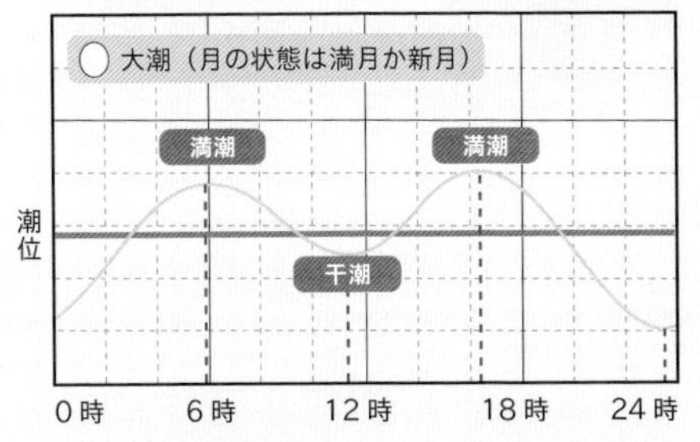

大潮は干満の潮位差が大きいため、潮の動きもよく、全体的に魚の活性が高くなり、活発にルアーを追うようになる。逆にデメリットとしては、干潮時に潮位が大きく下がるので、岸近くの魚が沖に出てしまうことがある

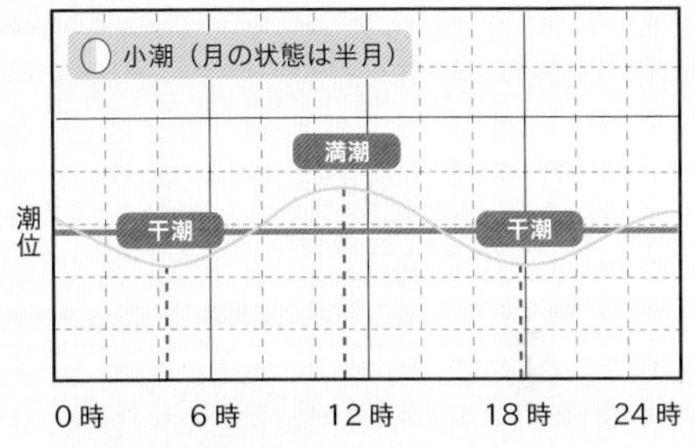

小潮は干満の潮位差が小さいので潮が動きにくい。魚の活性も低く、食い気に乏しくなるが、干潮時に潮位が下がりにくいということは、岸近くに寄っている魚が大きく移動しないというメリットもある

干潮の時

浅く釣りづらいポイントもあるが、釣り場が増えるメリットもある

グッと潮が引く干潮時、浅い釣り場ではなおさら水深が浅くなり、海底が露出して釣りにならないこともある。しかし、干潮で露出した干潟へと立ち込むことができるなどメリットもある

満潮の時

満潮時は浅い釣り場ほど魚が回遊するチャンスが大きい

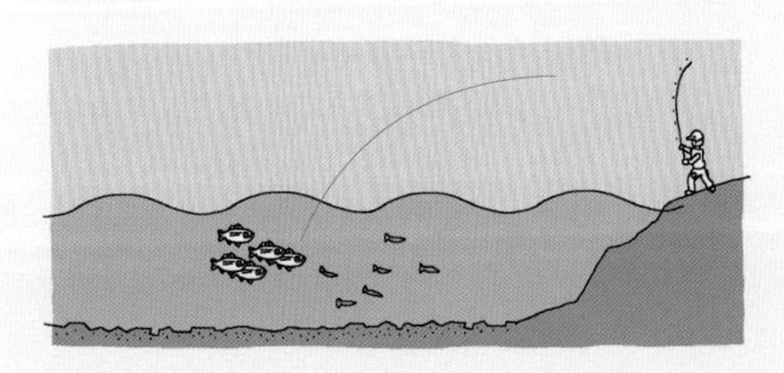

干潮時、海底が見えるような望み薄の浅い釣り場でも、満潮時ともなればガラリと様相が一変する。豊富な海草帯などへ小魚が集まり、それを狙ったフィッシュイーターも回遊してくるからだ

COLUMN

かつて

村越正海

かつて、ぼくがまだ東海大学海洋学部に在籍する学生だった頃、住んでいた静岡県内のアパートから、釣り場開拓も兼ね夜な夜なシーバスフィッシングに出掛けていた。

行動範囲は、沼津市の狩野川から、用宗漁港あたりまでの間。川あり、サーフあり、漁港ありとシーバスが釣れそうな場所に事欠くことはなかった。その一つ一つの場所で実績をあげるのが、当時の目標だったのである。

あるとき、焼津港内の岸壁からミノーをキャストしていると、クロダイ釣りに興じていたおじさんが話しかけてきた。

「兄ちゃん、何を釣っているんだ?」

「シーバス。いやスズキです」

シーバスフィッシャーマンなどほとんどいない時代であり、当然のことながら“シーバス”などという呼び名は浸透していなかった。

「エサは?」

「いえ、ルアーです」

途端に怪訝そうな表情になったおじさんは、ぼくの差し出したルアーを珍しそうに眺めながらこう言うのだった。

「ははーん、そのイカリバリで引っ掛けちゃうんだ」

「いえ、引っ掛けるんじゃあなくて、これに食い付いてくるんです」

「そんなモンに食い付いてくるわけがないじゃあないか。引っ掛けちゃうんだろ。ああ可哀そうに」

それ以上説明しても、聞く耳を持たないおじさんに理解してもらえないのは歴然で、ルアーフィッシングに傾倒していたぼくにとっては、実に歯がゆいおもいだった。

以来、スレ掛かりであがってくるのは釣れたことにはならないと強くおもうようになり、その意識は現在でもなお、ルアーフィッシングの在り方として意識し続けている。

そんなことだから、ライフワークとして挑み続けているシーバスフィッシングにおいて、12㎝程度のフローティングミノーに装着するトレブルフックは2本で十分とおもっている。トレブルフック3本でシーバスに挑めばフッキング率はよくなるものの、確実にスレ掛かりが増えてしまうからだ。

さらに、タチウオのジギングにおいては、できる限り小さなトレブルフックを1本だけ付けるようにしている。そうすることによって、多発するスレ掛かりを概ね回避することができるのである。

そんなこんな、ぼくがルアーフィッシングにおけるスレ掛かりを極力減らそうと意識しているのは、おそらく30数年前に味わった歯がゆいおもいが頭のどこかに深く根付いているからに違いない。

ルアーフィッシング草創期の苦悩など、今はもう過去の笑い話でしかないとわかっているのだが……。

CHAPTER2

実践

OFFSHORE SHORE 小さくても引きの強さが楽しい！

01 メッキ

体が銀色に輝くことから「メッキ」と呼ばれる。ルアー釣りに向いた魚種で、強い引きが楽しめると人気だ。

ヒラアジ類の幼魚の総称

ギンガメアジ、ロウニンアジ、カスミアジの幼魚の総称で、メッキという標準和名の魚はいない。成魚は、種子島から琉球列島にかけてと小笠原諸島に生息。孵化した仔魚が黒潮に乗って北上し、南へ帰ることなくそのまま死滅する、いわゆる死滅回遊魚である。

ヒラアジ類の幼魚。小型でも引きの強さには定評がある

光の加減でシマシマの模様が見える。基本的には銀色だが、黄色く見えるものもあり個体差がある

FIELD DATA

メッキのよくいるポイント

夏から秋にかけて、海水温が高いうちは主に磯周りや砂浜といった海岸に多く見られ、波打ち際でナブラになってベイトフィッシュを追い回すことも多い。水温が下がり始めると、港湾や河川内に入り込む傾向がある。生息域は、太平洋側の千葉県以南。

突然スイッチが入ったように襲いかかる

幼魚とはいえ、性格は獰猛なフィッシュイーターそのもの。主なベイトフィッシュは、小さなイワシ類。群れで波打ち際や水面に追い込み、一斉に襲いかかる。

悠然と群れで泳いでいる間は、ルアーに対する反応は希薄だが、何かの拍子に活性が高まると、スイッチが入ったようにもの凄い速さで一斉にエサを追う。

3種類のうち、最も北上するのがギンガメアジ、次いでロウニンアジ、カスミアジの順。関東周辺では圧倒的にカスミアジが多く、紀伊半島や四国ではロウニンアジ、鹿児島方面ではカスミアジの交じる割合が多くなる。

メッキは群れでイワシなどの小魚に襲いかかる

FISHING SEASON

9月頃から始まり 晩秋から冬にかけてがオンシーズン

姿を見せ始めるのは、水温が高くなる7月頃。初期は10㎝程度の小型が多く、ルアー釣りの対象魚としては魅力に欠ける。

ルアーフィッシャーマンが本格的に追い始めるのは9月頃から。地域や場所にもよるが、15㎝以上の魚体が多くなり、鋭角的な引きを味わえる。本格的に狙いたくなるのは、晩秋から冬にかけて。20㎝クラスに育ったメッキのファイトは、アジ類特有の強さがある。

CALENDAR

春			夏		秋			冬			
4	5	6	7	8	9	10	11	12	1	2	3

MEMO

黒潮に乗って北上してくるため、地域によって釣期に差がある。水温の高い九州方面では成長も早く、早期より20㎝クラスが釣れる。

メッキゲームの基本はルアーをできるだけ速く引くこと

ミノープラグであれ、メタルジグであれ、ソフトルアーであれ、バランスを崩さない範囲でできるだけ速く引くのが基本だ。メッキには小魚を水面や岸際へ追い込んで食べるというフィッシュイーターとしての習性が、生まれながらにして身に付いているのだろう。

使用するのは、ミノープラグとソフトルアー(ジグヘッドリグ)。ミノーは、フローティングでもシンキングでもよい。最初に使用するのは、ミノープラグ。キャストしたらロッドを下向きに構え、足元まで一気に引いてくる。メッキがいれば、ルアーを奪い合うように群れで付いてくるはずだ。

何度か繰り返すうちに反応が鈍くなってきたら、ソフトルアーに交換しよう。その際、速く引いても水面に飛び出さないよう、3～5g程度のジグヘッドを使用するのがコツだ。

付いてくるのになかなかヒットしない場合は、ツイッチングと呼ばれるロッド操作で、ルアーに左右の動きをつけると効果的だ。

OTHER Technic

反応がないときはトップウォータープラグかメタルジグを使う

ミノープラグからソフトルアーのローテーションでメッキがヒットしなくなったり、あるいはハナから反応がなかったりした場合は、次なる手として、トップウォータープラグやメタルジグを使用する。

トップウォータープラグは、ファストリトリーブかドッグウォーキングアクションがよい。ミノープラグやソフトルアーで水中を攻めまったく反応がないケースでも、トップウォータープラグを水面で走らせた途端に、メッキが群れでワワッとチェイスしてくることが少なくないのだ。

メタルジグの飛距離を生かしてさら広い範囲をチェックしてみるのも効果的。キャスト後、ルアーが着底するまでしっかり沈め、そこから一気にファストスピードでリトリーブしてくる。途中、ツイッチングで動きに変化をつけるのも効果的だ。

アシストフックを装着したメタルジグにガッツリと食い付いてきたメッキ

OFFSHORE SHORE 夜釣りデビューにオススメ

02 メバル

もっとも手軽に楽しめるルアーターゲットがメバル。ソフトルアーを駆使した釣りでは繊細な専用タックルで挑みたい。

メバルは3種類いる

陸っぱりで釣れるのは、アカメバル、シロメバル、クロメバルの3種。湾奥に多いのが、アカとシロ。クロは2種に比べ外洋性が強い。分布は、北海道から九州にかけての太平洋側と日本海側。生息域は、比較的浅い海の岩礁帯、海草帯、消波ブロック周辺。卵胎生で、12～2月に仔魚が産出される。大きいもので30cmを超す。

クロメバル

メバルゲームでは、繊細なロッド、細いライン、小さなワームの組み合わせが必須

上から落ちてくるエサを待ち構えている姿勢。底からやや上の中層でこうしている

FIELD DATA

メバルのよくいるポイント

夜行性なので、狙うのは夜。代表的な釣り場は、港の水銀灯周りなど明かりに照らされた水面と、岸壁の影との境目付近。他に、消波ブロックや沈み根周り、海草帯などの障害物周りも見逃せない。

常夜灯のある堤防などでは、海面を照らす明かりの明暗の境目などが狙い目となる（左）、ガクンと落ち込んでいる船揚げ場のスロープなどもメバルの着き場となる（右）

水面までベイトを追い上げ飛びついて捕食

メバルは小魚を食べるフィシュイーターと考えてよいが、エビ、カニ、イソメ類も好んで食べる。

夜の港で観察していると、水面でパシャッと反転しながら小魚を捉えることが多い。小魚を水面まで追い上げてからおもむろに飛び付き、パクリとやっているのだろう。ただし、水中での捕食は極めて繊細。ルアーへのアタックもシビアだ。

軽いジグヘッドに小さなソフトルアーの組み合わせ、高感度のロッド、スムーズに回転する小型スピニングリール、抵抗の少ない細いラインが欠かせない。メバルのルアーゲームは、アジング同様、あり合わせの無骨なタックルでは成立しないため、メバリングは専用ロッドで挑戦しよう。

FISHING SEASON

大型に的を絞るなら春がベスト

一般的に言われているシーズンは、秋から春にかけて。毎年秋になると、小型主体に釣れ始め、季節が進むとともに型が大きくなってゆく。ただし、メバルは1年魚ではなく、何年も生きながら成長してゆく魚ゆえ、釣り場や狙い方によっては一年中釣ることができる。

冬から春の間が狙いやすいのは、広い範囲に海草が茂るため。海草帯は、エビやカニや、小魚といったベイトが豊富にあるうえ、メバル自身も身を隠すことができる絶好の付き場なのだ。

CALENDAR

春			夏		秋			冬			
4	5	6	7	8	9	10	11	12	1	2	3

MEMO

地域や釣り場により、最盛期が若干異なる。目安になるのは、ベイトフィッシュと海草。釣り場の周辺でベイトフィッシュが確認できるようなら、メバルがいる可能性はすこぶる高い。3月から5月にかけて河口周辺に集まってくる遡上前の稚アユも最高のエサだ。

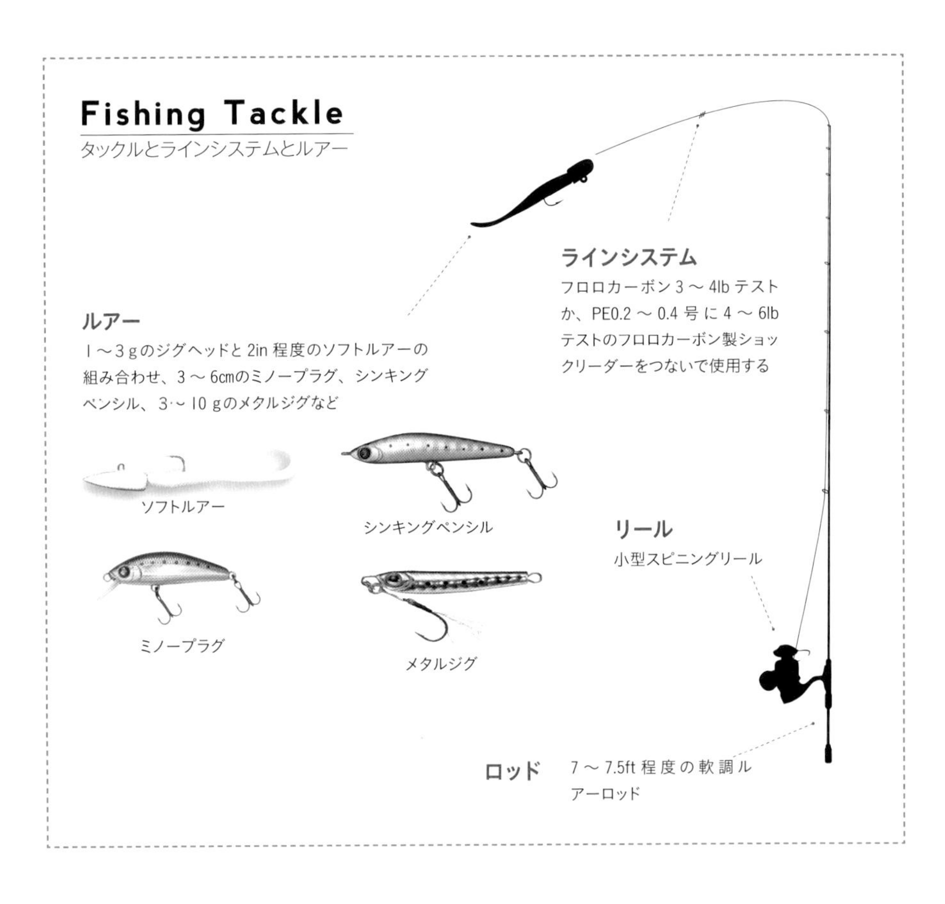

釣り場に適したルアーを選ぶ 動かし方はシンプルに

釣り場に入ったら、最初に使用ルアーを決める。万能なのは、ソフトルアーのジグヘッドリグ。1 〜 3g のジグヘッドに、2in 程度のソフトルアーをセットする。ソフトルアーのカラーは、パールホワイトかイエローが安定している。

ポイントに向けキャストしたら、ある程度沈むのを待ってから、リトリーブを開始。速度は、できるだけゆっくりがよい。これといったアクションはいらない。

ベイトフィッシュが群れている場合や、メバルそのものが目視できる場合は、ミノープラグやシンキングペンシルが効果的。これらのルアーを使う場合も、特にアクションは必要ない。ゆっくりのタダ引きで OK だ。

同じ場所で同じルアーを引き続けていると、徐々に魚が反応しなくなってくる。ルアー釣りではよくある、「魚がスレてくる」という現象だ。そんなときは、ルアーの種類やカラーを替えるなど、ローテーションを考えながら対応したい。

まだ場荒れの進んでいない磯やゴロタ場はメバルの別天地でもある

磯やゴロタ場などでは30cm超の尺メバルも夢ではない

OTHER Technic

尺メバルを狙う!

通常、メバル釣りで釣れるのは、20cm以下がほとんどで、20cmを超えれば良型。ところが、ゴロタ場や小磯周りでは、25cmどころか30cm超の、いわゆる"尺メバル"を狙うことができる。

ノーアクションのタダ引きで釣るのは基本通り。水面から海底まで、すべてのレンジを隈なくチェックすることが肝要で、ヒットへの近道となる。

ゴロタ場や小磯まわりのタックル

リール
小型スピニングリール

ラインシステム
P0.4～0.6号、ショックリーダーは、フロロカーボン2～2.5号を1.5m程度付ける

ロッド
7～8ftのメバル用

ソフトルアーとジグヘッド

1～3号のジグヘッド(フックサイズは#4)に、2～3inのソフトルアーをセット

OFFSHORE SHORE 港湾で夜釣りをするなら

03 アオリイカ

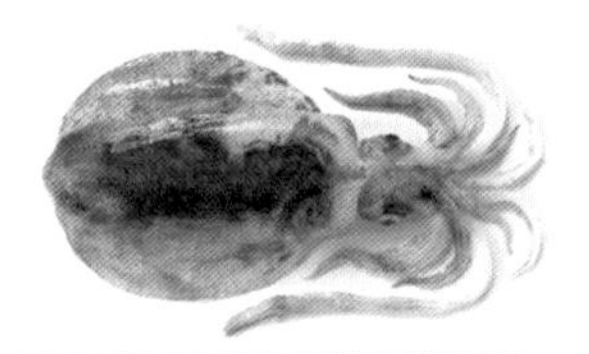

ルアータックルとエギを組み合わせてイカを釣ることをエギングと呼ぶ。近年人気が高まっているルアー釣りだ。夜はもちろん、日中でも楽しめる。

主に暖かい海で釣れるイカ

南は琉球列島・小笠原諸島、北は青森県まで広い範囲に生息している。ただし、青森県内の生息域は日本海側のみ。太平洋側の北限は、宮城県の牡鹿半島あたりと推測される。一般的には暖かい海を好むイカで、赤道周辺の海域でも釣れる。海外での呼び名は、グリーンアイ・スクイッド。寿命は、1年。

アオリイカのオス（写真上）。白い模様が横長に伸びているのが特徴。メスはオスと異なり、模様が円形

良型のアオリイカ（写真左）

FIELD DATA

アオリイカのよくいるポイント

生息圏内でありさえすれば、港湾、磯、砂浜とどこでも釣れる。安定しているのは、港湾と磯。沈み根や海草周りの他、ベイトフィッシュが集まりやすい潮目なども見逃せない。

近年注目を集めているのが、砂浜（サーフ）。沖に沈み根や海草帯のない砂浜でも、夜間に接岸するベイトフィッシュを追って、アオリイカがエギの射程内に回遊してくる。

近年注目されているエギング・フィールドが砂浜。スレ知らずのイカがエギを追う

かじるような捕食スタイル

イカながら魚を彷彿とするフィッシュイーター。発達した2本の長い触腕で小魚をとらえ、その後10本の腕で抱き込むようにしながらゆっくり食べる。飲み込むというよりは、かじると言ったほうがしっくりくる。最初の一撃は、後頭部がほとんど。

「エギング」と呼ぶようになったのは、ルアータックルでアオリイカを釣るようになってから。

元々は、夕方から朝にかけて、夜釣り主体の釣りであった。ところが、強いしゃくりを取り入れるようになってからは、もっぱら日中の釣りとして定着している。

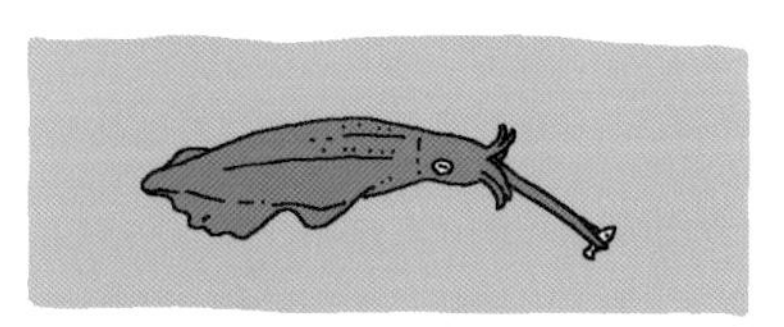

瞬時に長い触腕を獲物まで伸ばし捕食する

FISHING SEASON

春から第一弾、11月まで釣れ続ける

自然環境が変化しつつあるのか、近年は1年を通してエギングでアオリイカが釣れるようになった。

元々は、9月頃に岸際の浅場で小型（コロッケサイズ）が多くみられるようになり、10月に入るとそこそこ成長したアオリイカの数釣りが楽しめるようになる。エギング入門にはうってつけの時期と言えよう。

11～12月になるとキロオーバーの良型も交じりだす代わりに、徐々に数が減ってくる。1～3月にかけての低水温期は、日中の釣果が落ち、夜釣りが断然有利になる。数は望めないが、釣れれば大型が多い。4月以降は産卵前の大型がターゲットとなる。

CALENDAR

春		夏			秋			冬			
4	5	6	7	8	9	10	11	12	1	2	3

MEMO

自己記録を狙うなら、4月以降の産卵前。かつては7月に入ると極端に釣果が落ちたものだが、最近はむしろこの時期に、超大型が釣れるようになったので侮れない。

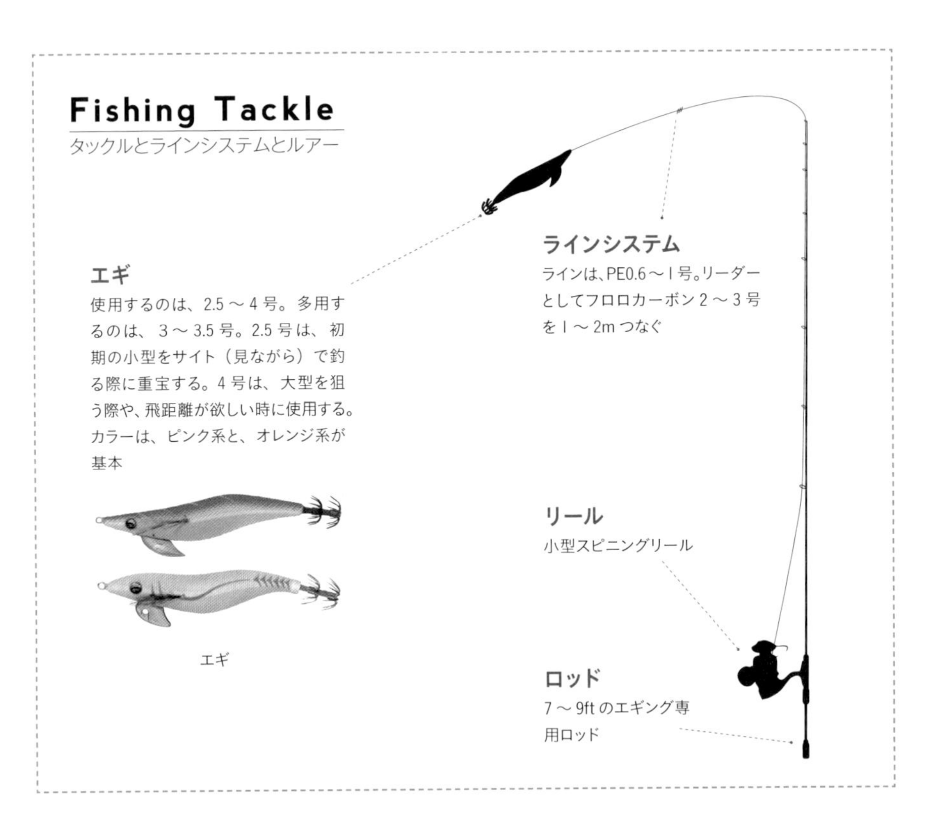

入門は秋が最適！デイゲームの見えイカで練習

ポイントを目掛けてエギをキャストして底まで沈め、ロッドを強くしゃくり、エギを跳ね上げてアオリイカを誘うのが基本の釣り方である。アオリイカがエギに抱きつくのは、フォール中。すなわち、ロッド操作で跳ね上げたエギが、自重でゆっくり沈む間にアオリイカが接近し、腕を絡めてエギをとらえる。

コツは、しゃくり上げたエギを、その都度海底まで確実に沈めてから、次のしゃくり動作に移ること。

肝心なのは、水中でのエギの動きとアオリイカの動きをイメージし続けること。そのためにも、9～10月の秋、見えイカが多い時期に入門し、アオリイカがエギの動きに対してどう反応するか、実際に試して覚えておくとよい。

本来はスミ跡が残らないよう水で流すべきだが、堤防などでこうした黒いシミがあればイカが釣れていた証拠

海底にエギが着いたら、大きくロッドをあおってしゃくり上げ、また落とし込むの繰り返しだ

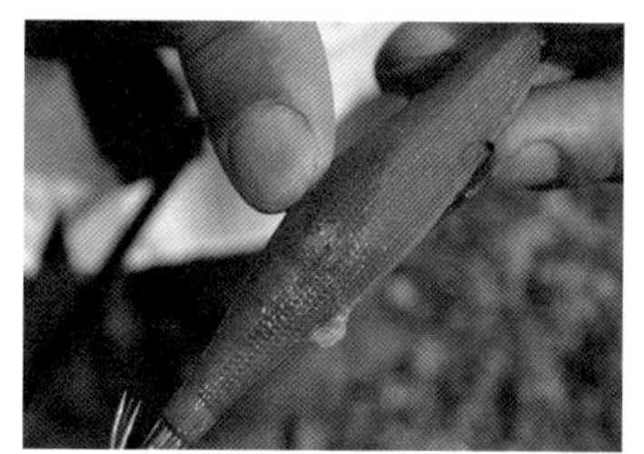

エギに付いたアオリイカの噛み跡。獰猛なフィッシュイーターの証だ

慣れてきたら夜のエギング釣行へ。写真右はピンクのエギにかかった良型

OTHER Technic

サーフエギングという方法も

昨今、サーフエギングというアオリイカ釣りが人気を呼んでいる。

読んで字のごとく、砂浜からエギをキャストしてアオリイカを釣る方法で、基本的には夕暮れから夜明けまで、夜間主体の釣りと考えてよい。

急深の海岸ほどよく、沖に根があるようなら申し分ない。

最終的には、エギの飛距離が重要になってくるので、ロッドはできるだけ長いものがよく、エギは重さがあって飛距離の出しやすい4号がおすすめ。小さくても3.5号。

釣り方は、磯や港湾と同じ。底まで沈めてはしゃくり、しゃくっては底まで沈める、を繰り返す。エギに乗ったら、打ち寄せる波に乗せて砂浜へとズリ上げる。

OFFSHORE　SHORE　人気急上昇のターゲット

04 アカハタ

ハタ科の魚は、目の前のエサにすぐに食いついてくる。暖かな海ならアカハタ、日本海ではキジハタがメインターゲット!

ハタ類は簡単にルアーに食い付くお手軽ターゲット

暖かい海を好むハタで、生息域は関東以南、琉球列島、小笠原諸島まで。同じロックフィッシュとして人気の高いキジハタは、青森県から鹿児島県までと、生息域が若干北に寄っている。アカハタの最大サイズは、全長45cm、体重2kg程度。キジハタもほぼ同じ。元々、磯釣りや船釣の対象魚として人気があり、手軽に挑めることから乱獲され、一時は数が減ってしまったが、近年は徐々に復活している。分布が広いことや、水深の浅い海を好むこと、比較的簡単に釣果が得られることなどから、昨今、ルアー釣りのターゲットとして急速に人気が高まっている。

ハタ科マハタ属に分類され、同じ属にはマハタ、クエ、キジハタなどがいる。アカハタはハタ類の中では比較的小型の部類。全体に赤く、濃い横縞が5本ほど走るのが特徴

キジハタは日本海、瀬戸内海の浅場に多い小型のハタ。標準和名よりも関西で呼ばれる「アコウ」の名で知られている。全身の斑紋と、背ビレの付け根にある薄い暗色斑が特徴

FIELD DATA

アカハタのよくいるポイント

主な釣り場は、磯。海底の起伏が激しく、大小さまざまな岩が点在しているような地形がハタ類の生息には適している。ただし、釣り、しかもルアー釣りで狙うとなれば、複雑な地形になればなるほど根掛かりが頻発し、釣趣をそがれてしまう。

釣り場として適しているのは、比較的平坦な海底で、根が点在しているような磯。水深は5～25mくらいがアカハタの生息にも、ルアー釣りを展開するにも最適だ。

落ちてくるエサを食べる傾向 フォール中がヒットチャンス！

常食としているのは、カニ、エビ、貝類、イソメ類、小魚、イカ、タコなど、極めて雑食に近い。

通常は、海底付近で生活しているため、捕食もせいぜい、海底から1～2mくらいまでの間だろう。

ハタ類をはじめとする、受け口（下顎が上顎より突き出している）の魚は、総じて、浮上するものより、落ちてくるエサに興味を示す傾向が強い。従って、ルアー釣りを展開するにあたっては、フォール時のバイトを見逃さないことがヒット率を高めるカギとなる。

FISHING SEASON

年中釣ることができ、春先から初夏に良型が釣れる

年間を通して大きな移動をする魚ではないため、活性の差こそあれ、1年中釣ることができる。良型が数多く釣れるのは春先から初夏にかけてと、秋から初冬にかけて。逆に、釣りにくいのは、水温が低下する真冬と、高くなる真夏。南へ行くほどシーズンが長くなる。

CALENDAR

春			夏		秋			冬			
4	5	6	7	8	9	10	11	12	1	2	3

MEMO

九州以南では、1年中コンスタントに釣果が上がる。逆に、関東方面では、水温が低下する冬は、アタリが極端に減る。一方、日本海側ではアカハタはほとんど釣れず、キジハタがロックフィッシュゲームの主役となる。生息域は青森県以南だ。

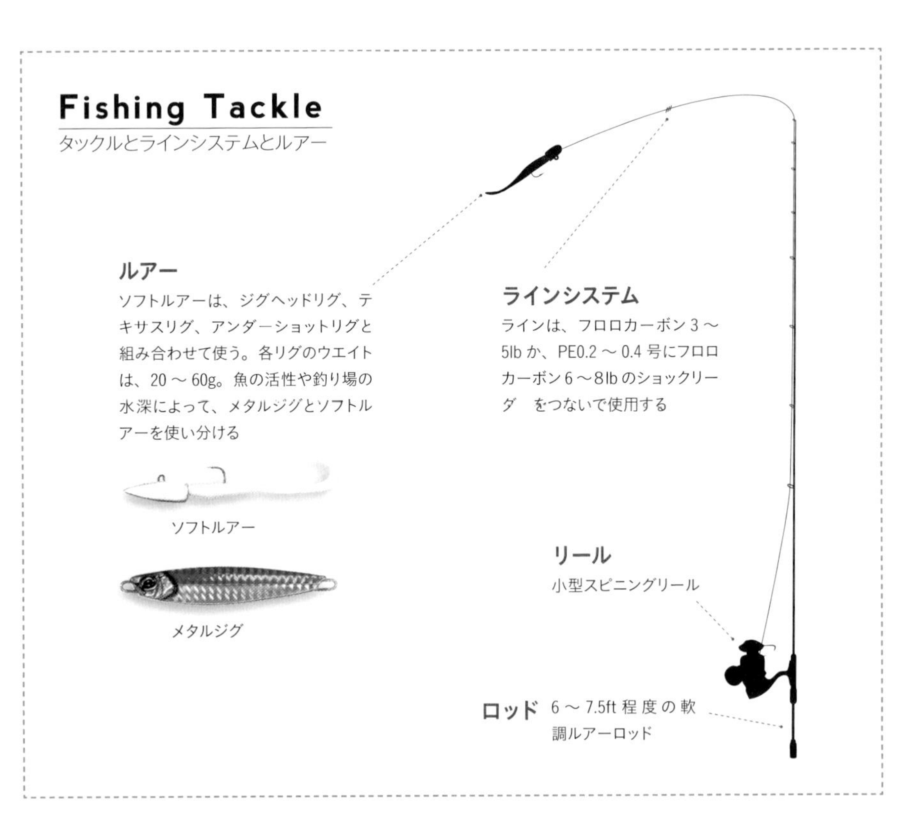

ルアーを底まで落としてしゃくり上げ、また落とす

使うルアーはメタルジグかソフトルアー。魚の活性や釣り場の水深によって、メタルジグとソフトルアーを使い分ける。

ルアーをキャストしたら、海底まで確実に沈める。その際、リールのベイルは返したままで、引き出されるままにラインを送り続ける。ラインの出が一瞬止まる、または、フワッとフケたら（弛んだら）着底した証拠。すぐにリールのベイルを元に戻し、ラインスラッグ（糸フケ）を取ってからロッドを大きくしゃくり、ルアーを引き始める。

着底しているルアーをロッドをあおって大きくしゃくり上げ、再びフォール。着底したら再び同じ動作を繰り返す。

アタリは、しゃくり上げたルアーを再び沈めている間に、ググッとくることがほとんどである。そこで素早くロッドをあおって合わせ、魚が掛かっているようならリールのハンドルを回せるだけ回し、相手を海底から引き離す。モタついていると魚が根の下に潜り込んで動かなくなってしまうので、1秒でも早くロッドを起こし、1秒でも早くリールを巻くことを心がける。

OTHER Technic

カサゴ・ムラソイも狙ってみよう

アカハタやキジハタは、潮通しのよい、外洋に面した磯が釣り場となるが、内湾の穏やかな磯でも同様の釣りが成り立つ。

ターゲットは、カサゴやムラソイ。最大でも30㎝、アベレージサイズは15～25㎝程度。従って、シーバスタックル・ベースではなく、メバル用タックルがマッチする。

釣り方はルアーが着底するまで沈め、海底をピョンピョン飛び跳ねるポンピングで少しずつ手前に引いてくる。アタリは、フォール中にコツンと小さくくることが多い。しっかり合わせ、根に潜られないよう一気に引き寄せてくる。磯ばかりでなく、堤防や港湾も釣り場となる。

OFFSHORE SHORE トップウォーターで釣る

05 | クロダイ

日本各地の沿岸に生息する馴染みのある魚。エサでよく釣れることは知られているが、近年はルアーターゲットとしても注目されている。

「磯の忍者」と呼ばれる神経質な魚

北海道から九州まで日本全国に広く分布している。本州で見られるのは、クロダイとキチヌ(キビレ)の2種。奄美大島以南では、ミナミクロダイ、オーストラリアキチヌ、さらに八重山諸島以南にはナンヨウチヌが生息している。磯釣り師たちから「磯の忍者」と呼ばれるほど神経質な魚とされているが、実はポッパーに飛び出すなど、大胆な性質も持ち合わせている。

陸っぱりで干潟など浅いポイントでは、表層近くを攻めるポッパーなどにも好反応を示す

姿、形はクロダイにそっくりのキチヌ。見分け方は簡単。胸ビレと尻ビレが黄色いこと

FIELD DATA クロダイのよくいるポイント

河口の汽水域、小磯、さらには、根や海草が点在する砂浜など、水深の浅い場所がルアーでは狙いやすい。水温の高い夏場ほど浅場に入り込んでくる。無警戒に水辺に近づかないことが肝心だ。雨後やシケ後の濁りは警戒心を解き、好条件となる。

真冬の湾内、水深5～10mほどの海底で撮影したクロダイ。底から1mほどを泳いでいた

海水と淡水が混じり合う汽水域も絶好のポイントだ

通常は水底にいることが多いが水面に上がることも

小魚、貝類、カニ類、エビ類、イソメ類、果ては、スイカ、コーン（粒）、ミカンなどまで口にする悪食。顎（あご）の力が強く、岸壁に付着するイガイ（カラスガイ）をバリバリとかみ砕いてしまう。

通常は、水底や岸壁際をついばむようにエサを探しているが、好奇心旺盛なのか、攻撃本能が強いのか、水面のルアーにも猛然と襲いかかってくる。

富山湾に生息するクロダイは、ホタルイカにも目がないようだ。

FISHING SEASON

通年狙えるがトップウォーターで楽しむなら盛夏だ

日本中に生息してるため、地域によって差がある。いずれにせよ、ルアーで釣りやすいのは、水温が高くなる初夏から晩秋にかけて。トップウォーターゲームにこだわるなら、盛夏が断然よい。

乗っ込みは、春。従って、春は丸々太った大型がよく釣れる。秋は20cm程度の小型から50cmを超す大型まで、さまざまなサイズが活発にルアーに飛びついてくる。

CALENDAR

春			夏		秋			冬			
4	5	6	7	8	9	10	11	12	1	2	3

MEMO

湾奥、河川内、外洋と釣り場によってベイトの種類が異なるため、釣りやすいシーズンも変わってくる。一般的には、湾奥や河川内ほど夏が狙い目となる。

水深が浅ければ表層を深ければミノーを潜らせて狙う

ルアー釣りならではと言えるのが、トップウォーターゲーム。小型のポッパーをキャストし、ロッドをあおってポコン、ポコンと2、3度泡を出すように引いては止める、を繰り返す。そのルアーに突然飛び付いてきたり、後方から追尾したのちにガバッとルアーをくわえたりと、派手にバイトしてくるのがこの釣りのおもしろさだ。

ただし、釣り場の水深が深くなるほどトップウォータープラグでは釣れにくくなる。そんな時に威力を発揮するのが、ミノープラグ（フローティング、シンキング）だ。水中に潜らせた状態で、ロッドをあおりながらのツイッチングアクションが効果的で、ヒット率が高まる。

最終手段は、バイブレーション、クランクベイト、ソフトルアーなどでのボトム攻略。カニ類、エビ類、イソメ類、貝類などを漁りながら回遊するクロダイの、狙い撃ちといった感じだ。

ポッパーに食い付いたクロダイ。こちらも水深が浅い場所

河口部に広がる干潟。その先に見える流れがポイントだ

消波ブロックがある堤防で釣れたクロダイ

HINT

水温に応じてルアーを使い分けよう

水温の高い時期や、クロダイの活性が高い時は、ポッパーやペンシル使用のトップウォーターゲームが断然面白い。ルアーの操り方は、基礎編で記したポッピングやドッグウォーキングなどを駆使されたい。

水温が低下する時期や、クロダイの活性がすこぶる低い時は、水中またはボトム狙いに軍配があがる。

サスペンドしているクロダイに効果があるのは、ミノーのツイッチングかバイブレーションのタダ引き。ボトム形状が荒かったり海草があちこちに生えている場合もまた、ミノーやバイブレーションの中層狙いが効果的だ。

クロダイの食性に直接訴えるのが、クランクベイトやソフトルアーでのボトム狙い。いずれのルアーを使う場合も、動かした後の止めが重用となる。アクションで誘い、止めで食わせる、と覚えておくとよい。

OFFSHORE　SHORE　ベイトがいれば確率UP！

06 小型回遊魚

ベストシーズンになれば、磯、堤防、砂浜と条件により数が狙えることに魅了される釣り人が多い。場所を選ばず楽しめるのがイナダ、サバなどの回遊魚。

地域によって種類はさまざま

主な対象魚は、ワカシ（20 ～ 40cmのブリの幼魚。関西ではツバス）、イナダ（同 40 ～ 60cm。関西では、ハマチ）、ショゴ（カンパチの幼魚）、ソウダ、シイラ、サバ、カマスなど、岸際に回遊してくる青物全般。地域によっては、サワラやヒラマサも対象になる。外洋に面した砂浜海岸では、ワラサ（60 ～ 80cmの小型のブリ。関西ではメジロ）やメーターオーバーのシイラが釣れることもある。

群れがやってくればメタルジグで比較的簡単にヒットが得られる

スピンテールジグに食らいついたカマス。こちらも回遊次第で数が狙えるターゲット

オフショアの定番ターゲットのシイラだが、陸っぱりからもメーター級が期待できる

FIELD DATA

小型回遊魚がよくいるポイント

水深のある砂浜海岸が主な釣り場。重要なのは、シラスやイワシといったベイトフィッシュが岸近くに寄っていること。それらベイトフィッシュを追いかけて、群れで回遊してくる魚だからだ。ベイトフィッシュを水面に追い上げ、一斉にバイトしている状態が、いわゆる“ナブラ”。

ナブラを狙ってキャストをすればヒット率は格段に高くなる。ただし、ナブラが立たない状態でも可能性は十分ある。海底から水面まで、広い範囲を攻め続けてみることが重要だ。

砂浜ではある程度遠投できるタックルにしておこう

トリヤマやナブラを見つけたら、キャストしてみよう

回遊魚の捕食は吸い込み型がほとんど

回遊魚はみな、イワシやシラスを常食とするフィッシュイーターである。捕食の仕方は、くわえてから徐々に飲み込むわけではなく、一気に吸い込んでしまう。

FISHING SEASON

エサとなる小魚の活性が高まる初夏から秋が狙い目

安定しているのは、初夏から秋にかけて。同ゲームのメッカのひとつとして知られる相模湾に面した西湘海岸の場合、6月にサバが回遊し始め、続いてワカシ、8月になるとソウダ、シイラ、ショゴと続き、9月頃からイナダが釣れ始め、11 月下旬まで続くのが例年のパターンとなっている。

CALENDAR

春			夏		秋			冬			
4	5	6	7	8	9	10	11	12	1	2	3

MEMO

回遊魚が接岸するかどうかは、ベイトフィッシュ次第と言ってよい。初夏にきっかけを作るのは、カタクチイワシ。地域によってはシコイワシ、シコ、セグロなどと呼ばれている。そのイワシの群れが定期的に見られるようになれば、フィッシュイーターが回遊してくるのは間違いない。水面でナブラにならなくとも、イワシの群れの下に付いているに違いないのだ。

できるだけ遠投
底からの高速リトリーブがキモ

メタルジグをできるだけ遠くへキャストし、ラインを送りながら底に着くまで沈めたら、できるだけ速い速度でリトリーブしてくる。ここは実際の釣りの動画（上の QR コードからアクセスできる）を見てイメージをつけてもらえるとよいだろう。

最大の武器は、飛距離。サーフで小型回遊魚が釣れるかどうかは、魚の群れがルアーの射程内に入ってくるかどうかにかかっているのだが、逆に言えば、魚の群れがいる所までルアーをキャストできるかどうかでヒット率が大きく変わってくる、とうことでもある。

わかりやすいのは、ナブラが出ている場合。どれほどよいルアーを使おうと、どんな形状のどんなカラーのメタルジグを使おうと、ナブラに届かなければヒットする可能性は極めて低い。従って、30 gのメタルジグで届かなければ 40 gを、40 gで届かなければ 50 gを使うことになる。

ちなみにナブラが出ている場合の攻略法は、ナブラの沖側か、進行方向のやや先へルアーをキャストし、2 ～ 3 m沈めてからファストリトリーブを開始する。

メタルジグの最大の利点は遠投しやすいことだ

OTHER Technic

ルアーの動きに変化をつけてみよう

基本は、底まで沈めたメタルジグをノーアクションのままファストスピードでリトリーブしてくるだけだが、どうしてもヒットしてこないときは、ジャーキングアクションを試してみるとよい。

イメージは、船からのバーチカルジギング。やり方は、メタルジグが着底したら、リールのハンドルを回しつつ、ロッドを強くしゃくってメタルジグにイレギュラーなアクションを加え続ける。

リールを巻くことによって直線方向の動きを、ロッドをしゃくることによって横方向への動きを、それぞれ演出することになる。

言葉で説明すれば随分難しい釣り方のように聞こえるかもしれないが、実際は、さほど難しくなく、むしろ誰にでもできる簡単な釣り方。なぜなら、初心者がロッドを握り、必死でリールを巻いているときのぎごちない動きが、まさにその演出になっているからだ。

その直線方向と横方向の動きを意図的に組み合わせられるようになれば、チャンスはぐっと増える。

右が直線的な動き。左がジャーキングアクションを付けた場合のイメージ

HINT

回遊魚の遊泳スピードは想像以上に速い

高速リトリーブが絶大な威力を発揮するケースがしばしばある。漁師のトローリングやサーフトローリングの釣れっぷりに歯が立たないのは、リトリーブスピードで太刀打ちできないのが最大の要因なのだ。

従って、ルアーを引くスピードが速すぎると魚が追いつけなくなってしまうのではないか、という心配は無用。どれほど速く引こうと、回遊魚は楽らくルアーに追いつけるものなのである。

猛スピードで泳ぐ魚

OFFSHORE　SHORE　サーフで人気魚種のひとつ

07 ヒラメ・マゴチ

海底に潜むヒラメやマゴチは捕食が素早く獰猛なフィッシュイーターでもある。素早くかぶりつく習性が、ルアーターゲットには打って付け。

全国の海に広く分布する平たい魚

ルアー釣りでは、両魚を合わせてフラットフィッシュと呼ぶ。平たい魚の総称でもある。ヒラメは北海道から鹿児島県にかけて、マゴチは東北地方から琉球列島にかけて広く分布している。放流事業が盛んなのは、ヒラメ。同魚が各地の海岸で釣りやすくなってきているのは、そのためだ。

平たい体でジャンプをするヒラメ。口の大きさからフィッシュイーターとわかる

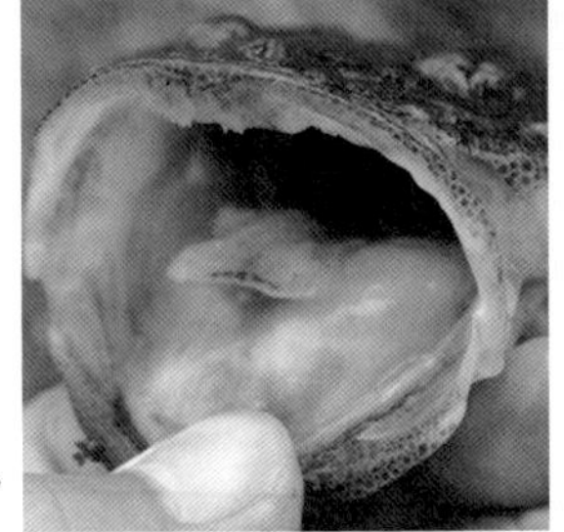

ヒラメよりも体幅のあるマゴチ。こちらも大きな顔と口が特徴

FIELD DATA ヒラメ・マゴチのよくいるポイント

代表的な釣り場は、砂浜。遠浅海岸の場合は、寄せた波が払い出す、“カレント”周辺が狙い目。急深海岸の場合は、波打ち際のカケアガリ周辺でヒットすることが多い。また、川の流れ出し周辺や海底の沈み根周りも見逃せない。

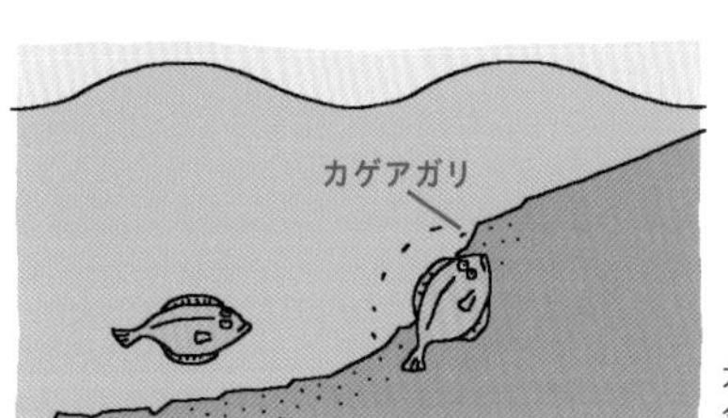

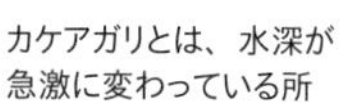
カケアガリとは、水深が
急激に変わっている所

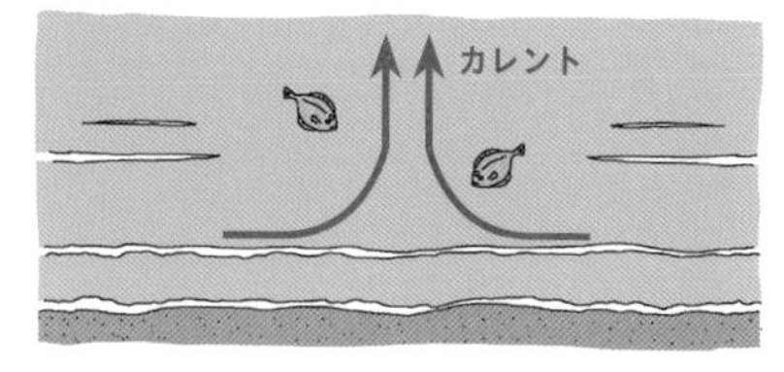

波は左右前後に流れており、カレントとは沖へと向かう強い流れのこと

ガブリとかみつく捕食スタイル

主食は、小魚やエビ。捕らえる際は電光石火の早業で飛びかかりパクリとくわえるが、そこから飲み込むまでに時間を要するのが両魚の特徴。生きたイワシをエサにするヒラメ釣りでは、「ヒラメ40の遅アワセ」という格言があるほどだ。アタリがあったら40数えてから合わせろ、という意味である。

性質は意外なほど獰猛で、海底から数m上層を泳ぐイワシにも飛びかかる。

マゴチをエサ釣りで狙う場合は、主に、ハゼ、メゴチ、エビなどを使用する。ヒラメほどではないにしろ、やはり食い込むまでじっくり待ってから合わせる。

ただしルアー釣りでは、くわえた瞬間に合わせてハリ掛かりさせるため、アワセのタイミングを図る必要はない。

底に隠れ、飛び上がって小魚を捕食する

FISHING SEASON

イワシの接岸する晩春から晩秋が狙い目。シロギスの盛期も見逃せない

船釣り（エサ釣り）ではヒラメは冬の釣りもので、マゴチは夏の釣りものというイメージがあるが、実際には両魚とも1年中釣れる。シーズンによるサイズの差も、ほとんどない。

当然、陸っぱりのルアー釣りでも、一年中釣れる。カギを握っているのは、ベイトフィッシュの存在。イワシの群れが接岸しやすいのは、晩春から晩秋にかけて。イワシの群れがいない場合は、シロギスの存在が釣果を左右する。投げ釣り情報などをこまめにチェックしておくとよい。

CALENDAR

春			夏		秋			冬			
4	5	6	7	8	9	10	11	12	1	2	3

MEMO

イワシの接岸とともに浅場へやってくるが、イワシが少ない年は、シロギスの存在が重要になる。シロギスが波打ち際で釣れる夏〜秋は、ヒラメもマゴチも波打ち際に寄る。

気配がなければ即移動。ランガンで魚の居場所を探す

ヒラメ狙いなら、未明〜早朝が断然有利。暗いうちから活発に摂餌行動を始め、日が高くなるにつれて沖の深場へ移動するのが典型的な行動パターン。どんなルアーを使うより、どんなテクニックを駆使するより、暗いうちからルアーをキャストし始めることがヒットを得るための近道なのだ。

ルアーの操り方は、釣り場が遠浅のサーフならできるだけ遠くへキャストし、ゆっくりリトリーブしてくる。

目の前をルアーが通過すれば容易に飛び付いてくる魚なので、数投キャストしてヒットがなければ 10m ほど移動し、また数投するといったことを繰り返そう。

どちらかと言えば、回遊待ちではなくランガンが基本の釣り。広い範囲を釣り歩くほど、ヒットの確率は高くなる。

波口から急に深くなるサーフの場合は、釣り方が若干異なる。ミノーを使い波口主体にテンポよく釣り歩くか、ソフトルアーで沖から波口までの間の海底付近を、時間をかけてじっくり探ってゆくかのいずれか。迷うところだ。

同様の釣り方で、マゴチは日が昇ってからでも十分釣れる。

OTHER Technic

釣り場の状況で別のリグも試してみよう

ソフトルアーは、ジグヘッドとの組み合わせだけでなく、中通しオモリやナス型オモリと組み合わせることにより、さまざまな使い方ができる。

シンプルなのは、テキサスリグ（P.21 参照）。ショックリーダーに 3 ～ 10 号の中通しオモリを通し、さらにクッションとしてビーズ玉やチューブを通してから、フックを結ぶ。フックは、オフセットタイプの 1 ～ 2/0 サイズ。テキサスリグのメリットは、ズバリ遠投力だ。

次は、キャロライナリグ。ショックリーダーに中通しオモリを通してからスイベルを結び、その先に 30 ～ 60cm程度リーダーをつないでフックを結ぶ。このリグのメリットは、食い込みのよさ。

そしてもう一つが、アンダーショットリグ。ショックリーダーの下端にナス型オモリを結び、オモリから 20 ～ 40cm上にハリを結ぶ。海底に石や海藻が多く、根掛かりしやすい釣り場では、このリグが威力を発揮する。

釣り場やその日の状況に合わせてリグを変えられるようになれば、初心者卒業だ。

キャロライナリグ

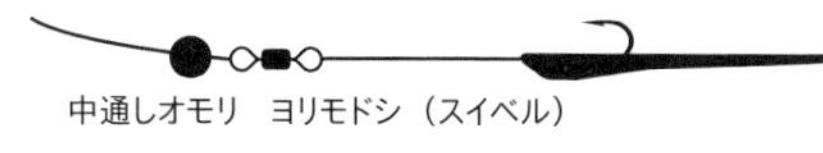

アンダーショットリグ

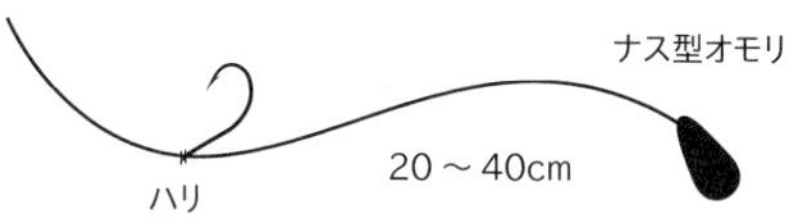

砂浜からミノーのキャスティングで仕留めたヒラメ

シーバス狙いのシンキングペンシルにヒットしてくることもある

OFFSHORE SHORE 1対1の駆け引きが楽しい

08 マアジ

足場のよい堤防からサビキ釣りで狙える人気者は、ルアーでも手軽に楽しめるターゲットだ。思わぬ大型のヒットに心が踊ることも。

「味がよい」ことからその名がついた魚

分布は、日本全国。岸近くの浅場から水深100m以上の深場まで、広範囲に生息している。近年、ルアーでのアジ釣りを「アジング」と呼び、日本中で人気が高まっている。通常釣れるサイズは15～30cm程度だが、ときには40cmオーバーが釣れることも。長崎県の壱岐では、50cm級はおろか60cm超の実績も上がっている。近縁のマルアジはムロアジの仲間。第2背ビレと尾ビレの間に、小離鰭（しょうりき）と呼ばれる小さなヒレがあることで区別できる。

潮通しのよいゴロタ場や磯などでもアジ釣りは楽しめる。思わぬ大型がヒットしてくることもある

FIELD DATA

マアジがよくいるポイント

港湾の内外や、明かりの付いている堤防周辺、船揚げ場のスロープなどが主な釣り場。基本的には、明かりが海面を照らしている周辺と考えればよい。

広大な港の奥などでも、常夜灯があればポイントとなる

ヘッドランプなど、夜釣りの装備を万全にして挑みたい

常夜灯があったら狙い目 ライズがあったらしめたもの

通常はプランクトンイーターと考えてよいが、小魚、イソメ類、エビ類、カニ類も好んで食べる。桟橋などから海の中を覗いみると、アジの群れが影の部分と明るい部分を行ったり来たりしているのをしばしば確認できる。桟橋周辺に群れるアジを日中釣るのは難しいが、夜になれば状況は一変して好機が訪れる。

ときには、活性の高まったアジがプランクトンを追って水面でライズしていることもある。そんな状況に出くわしたら、好釣果が約束されたようなものだ。

エサの食い方としては、吸い込み型なので、対象となるアジが小さくなればなるほど、軽いルアーが有利となる。

FISHING SEASON

年中釣ることができ、特に春先から初夏は良型も

通年狙えるが、同じ釣り場でも年により状況が大きく異なる。原因は、動物性プランクトンの発生具合、ベイトフィッシュの寄り具合、アジそのものの接岸状況などだ。

ある程度水深のある、大きな港湾の明かり周りなら比較的安定している。群れで移動する魚なので、しばらくやってアタリがないようなら、早々に別の釣り場へ移動したほうが賢明だ。

CALENDAR

春			夏		秋			冬			
4	5	6	7	8	9	10	11	12	1	2	3

MEMO

水温の下がる厳冬期は、アジの活性が低くなるため釣り難い。初心者でも釣りやすいのは、夏から秋にかけて。ベイトが多く、アジの活性も高いことが多い。

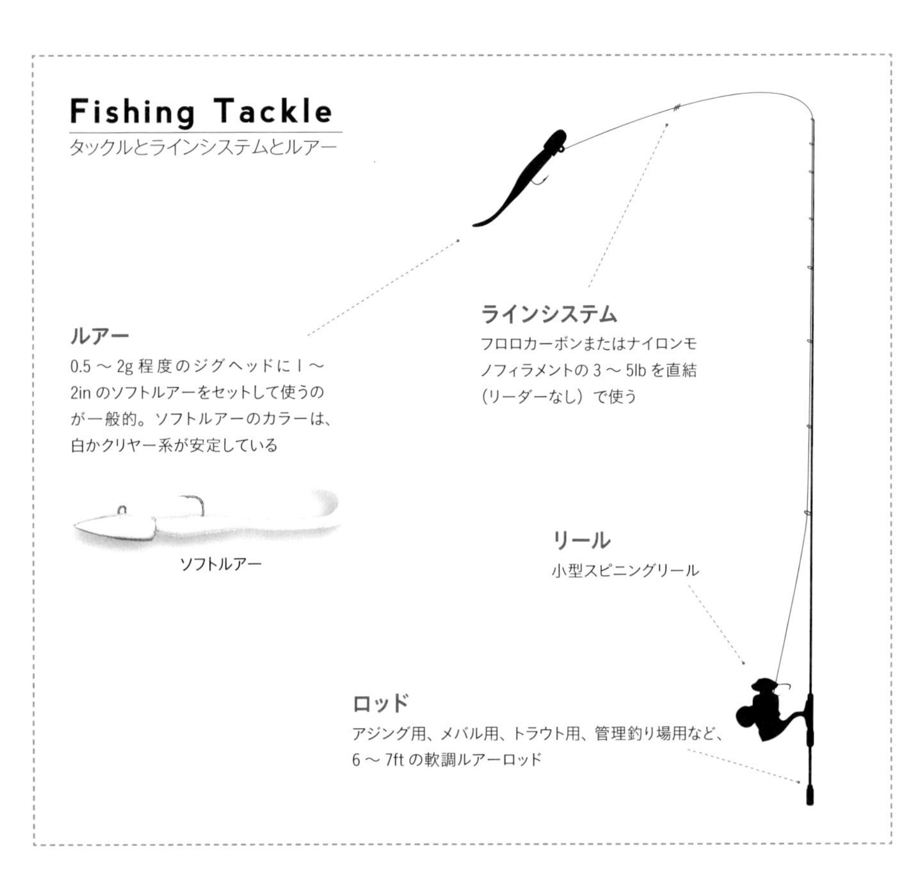

アジのいるレンジを探し出す 中層はカーブフォールが効果的

狙う時間帯は、タマヅメから朝マヅメにかけての夜間。水面からボトムまでの間をまんべんなく、できるだけ軽いジグヘッドと小さなソフトルアーで探ってゆく。

まずは、キャストしたルアーが着水したらすぐにリトリーブを開始する。ロッドを立てた状態で、スローリトリーブを行えば、ルアーは水面直下を滑るように移動してくるハズだ。

アタリがなければ、キャストごとに徐々にレンジを下げてゆき、アタリのあるレンジを探り出す。

アジが中層に群れている場合は、キャスト後、リールのベイルを元に戻し、ロッドを立てたままジグヘッドの重さだけでルアーを沈めてゆく。カーブフォールと呼ばれる方法で、ロッドを動かしたりリールを巻いたりしない分、小さなアタリでもキャッチできる。いずれの場合も、アタリがあったら即合わせが基本。ロッドを手前にスーッと引くような感じで、軽く合わせればよい。

アジがフッキングしたら、ロッドは動かさず、リールを巻き取り操作だけで引き寄せ、一気に抜き上げる。

OTHER Technic

広範囲を探りたいならキャロライナリグ

シンプルかつ一般的な、ジグヘッド＋ソフトルアーのリグ（仕掛け）を、「ジグ単」と呼ぶのに対し、途中にシンカーやフロートを装着して飛距離アップを図るリグを、「キャロ」（キャロライナリグの略）と呼ぶ。

風が強くてキャストがままならなかったり、ポイントまでルアーが届かなかったりする場合に重宝するリグで、ウエイト調節が自由になるため釣果アップにつながる。

専用品が入手できない場合は、磯釣り用の水中ウキなどで代用することもできる。

釣り方そのものは、基本の「ジグ単」と同じで、キャストしたらスローリトリーブを心掛ける。

キャロライナリグ

海面を照らす明かりがある場所はアジがいる確率が高い

小さいアジだからこその微細なアタリが楽しい

ここまで大型となると、ヤリトリが必要になる

OFFSHORE SHORE ルアー釣りの人気魚種！

09 スズキ（シーバス）

実釣をチェック！

海のルアーターゲットで一番人気といえばシーバス。激しいファイトに加えて、都会の港湾でメーター級も狙える手軽さも魅力だ。

シーバスとは

スズキの生息域は、北は青森県から南は鹿児島県まで。日本海側、太平洋側に広く分布する。北海道での捕獲例もあるようだが、特例と考えたほうがよい。南限は、鹿児島県薩摩半島でほぼ間違いはない。

一方、近縁種のヒラスズキは、日本海側の北限が石川県能登半島、太平洋側が千葉県の勝浦あたり。南限は、鹿児島県の屋久島。沖縄県内での捕獲例も複数あるが、これもまた例外と考えたい。最大は、全長1m、体重10kg以上。

外洋から内湾、河口、河川内と広い範囲に生息するため、釣り場を見つけやすい。ルアーフィッシャーマンにとっては、挑みやすい身近なターゲットと言ってよい。

スズキは、成長するにつれて呼び名が変わる、いわゆる"出世魚"。関東では、セイゴ、フッコ、スズキ。関西では、セイゴ、ハネ、スズキ。中部地方では、フッコサイズのスズキをマダカと呼ぶ。釣り人の間ではスズキ、ヒラスズキを合わせて"シーバス"と呼ぶ。

スズキ

日本で釣れるシーバスの種類

日本で生息するシーバスは「スズキ」「ヒラスズキ」「タイリクスズキ」の3種。ヒラスズキは、マルスズキより顔が小さく体高があり、磯を好む。スズキはヒラスズキよりも生息範囲が広く河川、磯、サーフなどに渡る。この2種は、顔の大きさや体高で見分ける。タイリクスズキは、中国や台湾などに生息する外来種で体に斑点があるのが特徴だ。

ヒラスズキ

タイリクスズキ

FIELD DATA

シーバスがよくいるポイント

シーバスは、日本全国の沿岸に生息している。港湾、河口、サーフ（砂浜）、磯など釣り場のシチュエーションが変わればタックルや釣り方も微妙に違ってくる。釣り場に合った釣り方を展開するようにしたい。

港湾

足場がよくて魚影も濃いから、シーバス入門にもぴったり。ポイントによっては昼間でも釣れるが、やはり魚の警戒心が緩む夜間のほうがヒット率は高い。狙いは地形にしろ水深にしろとにかく変化のある場所。たとえば堤防の先端や角、水門周りなど

河口

エサが豊富な河口部はシーバスの代表的なポイントの1つ。シーズンにもよるが、やはり橋脚周りやブロックなど魚の隠れ家となるような場所にルアーを投げ込むのがセオリー。水深が浅いため、ヒット後は得意のエラ洗いを連発する。やり取りはくれぐれも慎重に

サーフ

障害物の乏しいサーフ（砂浜）では回遊待ちの釣りになることが多い。しばらく反応がなくても粘ってキャストし続けること

磯

磯ではスズキよりも体高のあるヒラスズキがメインターゲットとなる。警戒心が強いのでベタナギではまず望み薄。強い風が吹きつけ、磯際に大きなサラシがある状態がベスト。それなりに危険度も高いので、単独釣行は避け、装備も万全にして臨むこと

場所や季節で変化するベイトの知識も大切

主なベイトは、魚、エビ、カニ、イソメ類、アミ類、貝類（主にバカガイ）など。

ベイトフィッシュの代表格は、イワシ、イナっ子（ボラの幼魚）、アユ、オイカワ、ウグイ、ハゼ、サッパ、イカナゴ（コウナゴ）、ヒイラギ、サヨリ、コノシロなど。

魚体が濃いエリアでは、30㎝クラスのコノシロがシーバスの主食。近年一部エリアでは、コノシロを模した20㎝以上の大型ルアーを使って展開するシーバスフィッシングの人気が高まっている。大型シーバスの派手なバイトシーンは、何度見ても興奮するものだ。一方で、コノシロの生息域が年々狭まってきているのは寂しい限りだ。

かつて、冬になれば湘南や西湘海岸一帯、駿河湾の千本浜海岸などにもコノシロの群れが接岸していたことを知る釣り人は、今ではそう多くあるまい。

冬から春にかけてのバチ抜けシーズンに限っては、スズキたちは川面を流れるバチ（産卵期のイソメ類）に夢中になる。

ベイトの種類によって捕食の仕方はまちまちだが、基本的には吸い込み型と考えてよいだろう。

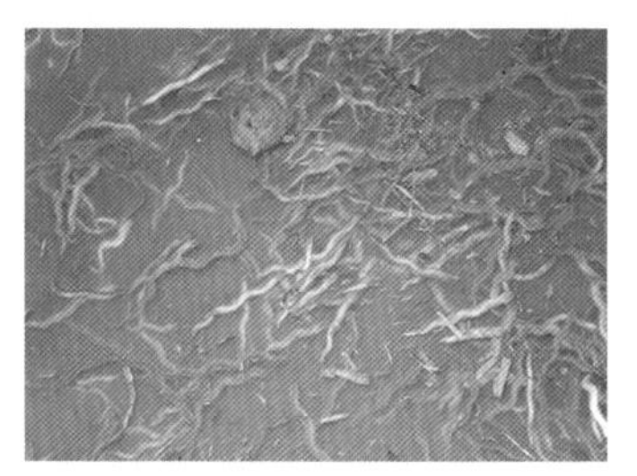

バチ抜けとは、イソメ類が産卵のために水面に浮上してくることをいう

コノシロ

カタクチイワシ

エサとなる小魚が回遊していることもポイントの目安だ

FISHING SEASON

記録更新を狙うなら10～12月 ベイトの接岸がキーポイント

スズキ、ヒラスズキともに、一年中釣れる。スズキ釣りが最もエキサイティングなのは、地域によらず、10～12月中旬ぐらいまでの間。長さといい、重さといい、自己記録更新を狙うなら、この時期をおいて他にない。

その他の時期は、ベイトフィッシュ次第。イワシ、稚アユ、落ちアユ、バチ、イナっ子、サヨリなど、それぞれのベイトが接岸すれば、シーバスの活性も高くなる。日中、夜間、それぞれの楽しみ方もある。

CALENDAR

春 4 5 6 ／ 夏 7 8 9 ／ 秋 10 11 12 ／ 冬 1 2 3

MEMO

ベイトが多く集まっているところにシーバスも集まると考えてよい。スズキ釣りで好釣果を得るための3大要素は、ベイト、流れ、濁り。ヒラスズキの場合は、ベイト、流れ、サラシとなる。ベイトはシーバスが釣り場にやってくるための要因で、その他は、そこにいるシーバスがルアーを食うための条件。

河口部での釣り方

居着きの大型も期待できる河口部。潮の上げ下げによる流れの変化時がヒットチャンスだ

河口部におけるシーバス釣りでメインとなるルアーは、12 ～ 14㎝のフローティングミノーと9㎝のバイブレーションプラグ（21 ～ 30 g）。まずは、フローティングミノーで釣り始めるのが基本だ。

キャストは、流れのやや上流側。キャストしたルアーを、一定の速度でリトリーブする。活性の高いシーバスがいれば、開始早々ヒット、ということもあり得るが、通常はキャスト＆リトリーブを繰り返しながらの回遊待ちとなるので、腰を据えてかかること。

釣り場の水深が深い場合や、より攻撃的な釣りを展開したい人は、フローティングミノーではなくバイブレーションプラグを使用する。使い方は、キャストしたルアーをいったんボトムまで沈め、やや速いスピードでリトリーブしてくる。

バイブレーションプラグのメリットは、飛距離が出ることと、水深や流れの強さを把握しやすいこと、さらにはベイトフィッシュの有無を確認しやすいことなど。

もちろん、フローティングミノー同様、近

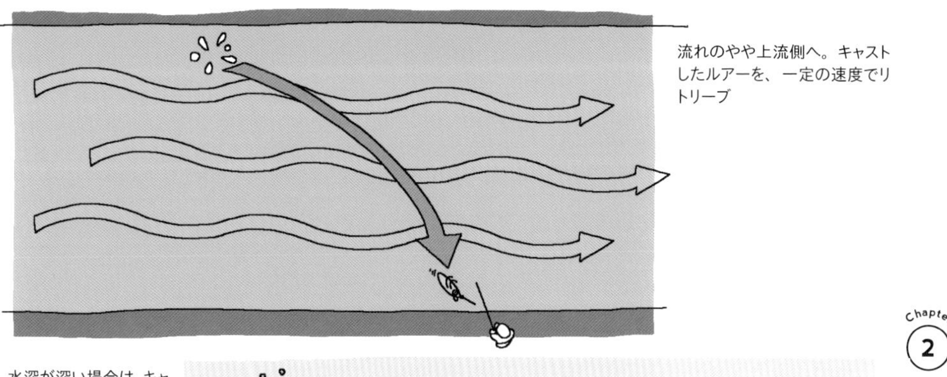

水深が深い場合は、キャストしたルアーをいったんボトムまで沈め、やや速めのスピードで引く

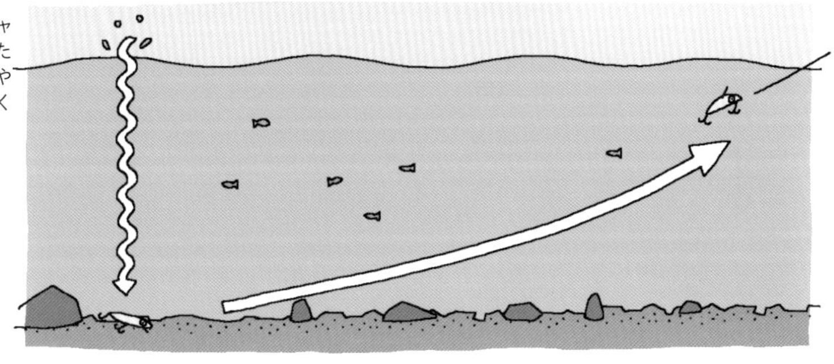

GEAR ITEMS

タックルとラインシステムとルアー

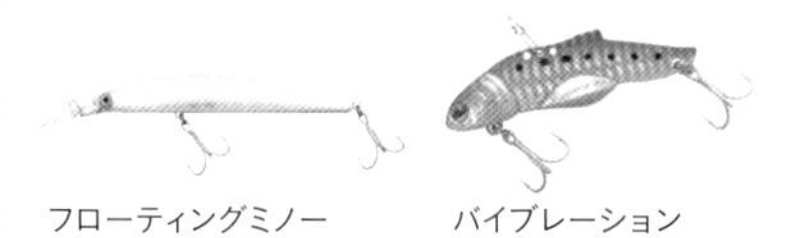

フローティングミノー　バイブレーション

ラインシステム

PE0.6 ～ 1.5 号を釣り場の形態、想定するシーバスのサイズ、使用するルアーの重さによって決める。通常、障害物のない釣り場なら 0.6 ～ 0.8 号。ショックリーダーは、ナイロンモノフィラメントまたはフロロカーボンの 16 ～ 20lb（4 ～ 6 号）を 1.5 m、ミッドノット、FG ノット、PR ノットなど摩擦系ノットでつないでおく

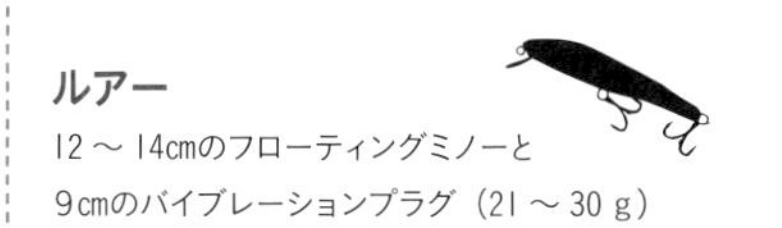

ルアー

12 ～ 14cmのフローティングミノーと
9cmのバイブレーションプラグ（21 ～ 30 g）

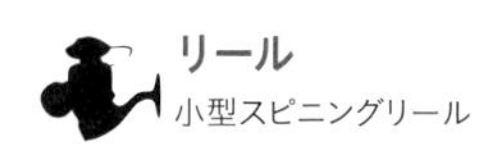

リール

小型スピニングリール

ロッド

9 ～ 10ft

くに活性の高いシーバスがいれば、早々に食いついてくる。

河口部は、潮汐の影響をまともに受けるため、満潮時刻と干潮時刻を確認しておくことが極めて重要。河口部に居ついているシーバスの活性が高くなるのは、満潮から干潮にかけて徐々に流れが速くなってゆくときだ。

干潮から満潮にかけての上げ潮時には、ベイトフィッシュとともに海から入り込んでくるシーバスが期待できる。釣りの時間帯は、タマヅメから朝マヅメにかけての夜間主体だが、大規模河川の河口部なら日中でも釣れる可能性はある。

河川内での釣り方

街灯が水面を照らしている部分と、橋の影となっている境が狙い目だ

使用ルアーはフローティングミノーのみで、サイズは、9～14cm。川幅によって使い分けるのが基本となる。すなわち、川幅が狭ければ小さめの9cm、広ければ大きめの14cmといった具合だ。目安としては、対岸近くまで届くサイズのルアーを選ぶ。

釣り方は、川岸に立ち、川の上流側に向けてキャストを行い、ルアーが緩いカーブを描くようにリトリーブしてくる。河川内におけるリトリーブ速度は、スロー。ルアーがあまり潜らないよう、水面直下をスロースピードで引いてくる。

釣りの時間帯は、夜間主体。規模の大きな河川で瀬の中を釣る場合に限っては、日中のゲームも成り立つ。

河川内での定番ポイントは、橋脚周り。橋の上に明かりがともっていて、その明かりが水面を照らしているようならなおよい。

橋直下の暗がりと、明かりに照らされている水面との境目を狙うのが基本だ。橋の上流側から狙う際には、明るい水面にルアーをキャストし、リトリーブの途中で暗がりへ入り込むように引いてくる。

橋の下流側から攻める場合は、橋の真下の暗がりにルアーをキャストし、途中で明るい場所へ出てくるようにする。通常は、満潮を過ぎ、流れが徐々に速くなりだすタイミングを狙い撃ちするのがよい。流れが速くなればなるほど、シーバスの活性が高くなるからだ。

なお、雨後の濁りは願ってもない好条件と言える。雨が降って川水が茶色く濁ったら、川へ急行するとよい。ただし、増水時の川は危険を伴うので注意すること。

夜間、河川で釣れた良型のシーバス

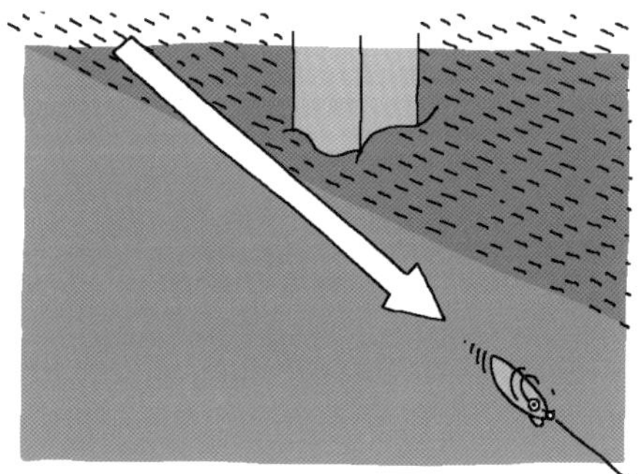

橋の真下の暗がりにルアーをキャストし、途中で明るい場所へ出てくるように

対岸、上流側に向けてキャストする

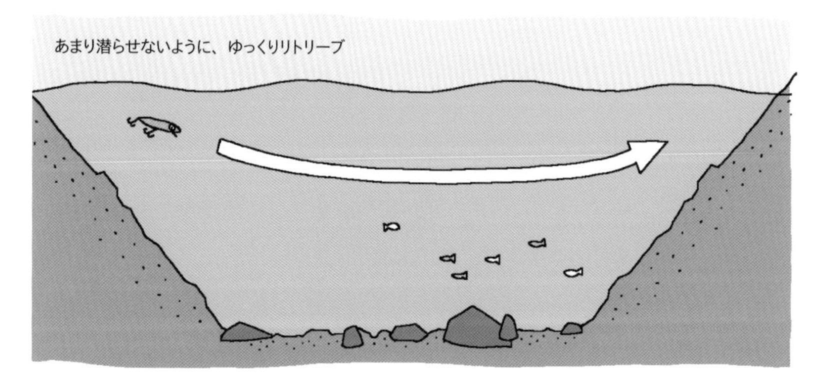

サーフでの釣り方

サーフ、すなわち砂浜でのシーバスフィッシングには、2通りのスタイルがある。一つは、河口（あるいは流れ込み）周辺でシーバスが回遊してくるのを待ちながらひたすら粘るスタイル。

そしてもう一つは、ルアーをキャストしながら海岸を釣り歩く、ランガン（ラン&ガン）と呼ばれているスタイル。いずれにせよサーフのシーバスフィッシングでは、居付きではない回遊するシーバスが対象となる。

使用するルアーは、12～16cmのフローティングミノー。さらに加えるなら、15cm前後のトップウォータープラグと9cmのバイブレーションプラグ（28～35g）。トップウォータープラグは、ベイトフィッシュが多くシーバスの活性が高いとき、バイブレーションプラグはデイゲームを展開する際にそれぞれ威力を発揮する。

とはいえ、基本はあくまでもフローティングミノーのナイトゲーム。沖へ向けできるだけロングキャストを行い、波口までゆっくりリトリーブしてくる。サーフのシーバスゲームは、ひたすらデッドスローに徹する、と覚えておくとよい。

砂浜に流れ出す河口の向きは、潮流や風によって右に振れたり左に振れたりしやすい。釣行当日の流れの向きを確認し、流れが向いている側の海岸へ入ること。できるだけ河口に近い所が有利だが、流れが及んでいる範囲ならどこでもシーバスが回遊してくる可能性がある。

慣れないとわかりづらいかもしれないが、流れの最下流部にできる潮目もベイトフィッシュが溜まりやすい、好ポイントの一つだ。

Fishing Tackle

タックルとラインシステムとルアー

サーフでのタックル

ラインシステム

メインラインは PE0.6 ～ 0.8 号。ショックリーダーは、ナイロンモノフィラメントまたはフロロカーボンの 16 ～ 20lb（4 ～ 6 号）を 1.5 m、ミッドノット、FG ノット、PR ノットなど摩擦系ノットでつないでおく

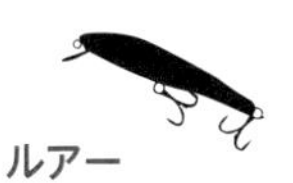

ルアー

フローティングミノー（12 ～ 16 cm）トップウォータープラグ（15 cm前後）バイブレーションプラグ（9cm・28 ～ 35g）

フローティングミノー

バイブレーション

ロッド

11ft

リール

小型スピニングリール

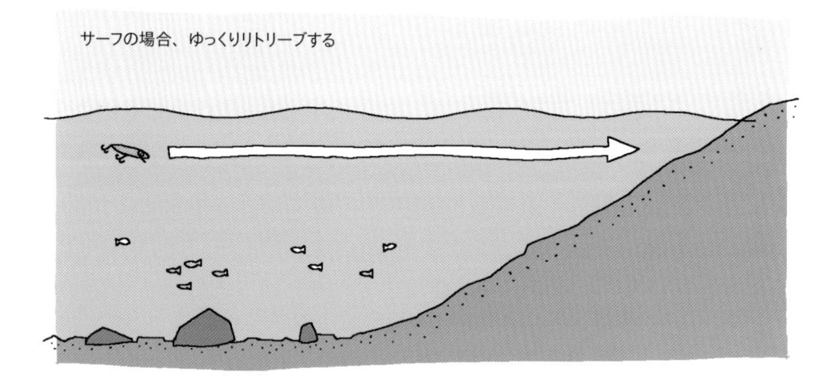

ナチュラル系カラーののルアーで釣れたスズキ（夜間）

港湾・堤防での釣り方

良型のスズキ

堤防と海面の距離がある場合はランディングネットが必要だ

夜の堤防ではライトは必須。必ず持参しよう

港の規模にもよるが、シーバスが集まりやすいのは、潮通しがよい出入り付近、ベイトフィッシュが集まりやすい流れ込み周辺、水銀灯周り、船揚げ場のスロープ、そして岸壁際。釣りの時間帯は、夜間が主体となる。

ある程度水深のある、大きめの港なら、最初に狙うのは岸壁際。9cm程度のフローティングミノーを岸壁際にキャストし、岸壁に沿って足元までゆっくりリトリーブしてくる。フローティングミノーで反応がない場合は、同サイズのシンキングミノー、バイブレーションと徐々にリトリーブレンジを下げてゆく。

港の出入り口付近では、堤防の角、周辺の岸壁際、航路に当たるミオ筋のカケアガリ付近という順番にルアーを通して狙ってゆく。使用ルアーは、9cmのバイブレーションプラグ（21 ～ 35g）がよい。

流れ込みや水銀灯周辺は、9cm以下のシンキングミノーか同じく9cmのバイブレーションプラグを使って攻める。水面近くから始め、中層から底近くまでと、徐々にレンジを下げてゆく。

スロープ周辺は、ごく浅いスロープ上にベイトフィッシュが溜まりやすいため、それを捕食するスズキが、スロープからの落ち込みに集まる。概して小型が多いので、使用するルアーも7cm以下のフローティングミノーが有利となる。

Fishing Tackle
タックルとラインシステムとルアー

ラインシステム
PE0.8 号。ショックリーダーは、ナイロンモノフィラメントまたはフロロカーボンの 16 ～ 20lb を 1.5m、ミッドノット、FG ノット、PR ノットなど摩擦系ノットでつないでおく

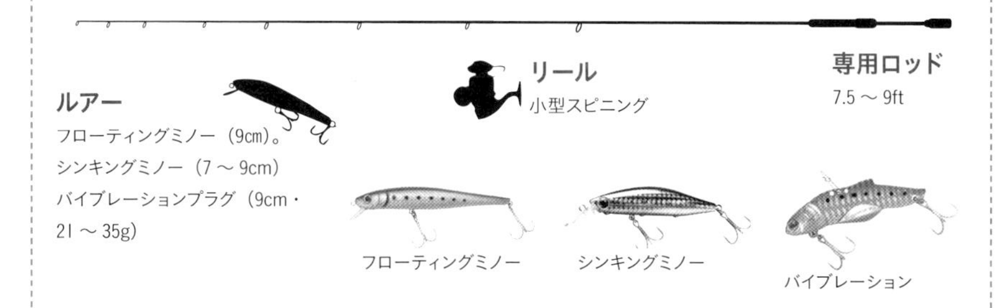

専用ロッド
7.5 ～ 9ft

リール
小型スピニング

ルアー
フローティングミノー（9cm）。シンキングミノー（7 ～ 9cm）バイブレーションプラグ（9cm・21 ～ 35g）

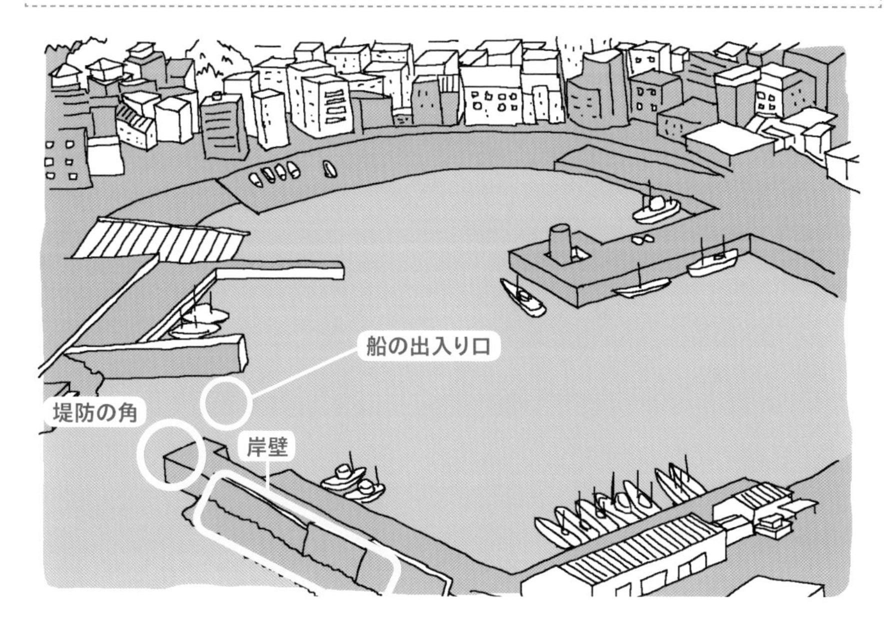

HINT
テクトロ

岸壁際の暗がりだけを攻める、テクトロ（テクテクトローリング）という釣り方がある。やや離れた岸壁際にルアーを投げ入れ、ロッドを海側へ突き出しリールを巻かずに岸壁に沿って歩いてゆくという方法。使用ルアーは、7～9cmのシンキングミノーか同サイズのバイブレーションプラグ。直線状に長い堤防などでは、特に効果的な釣り方と言ってよい。

磯での釣り方（スズキ）

磯のシーバスゲームと言えば、ヒラスズキをイメージしやすいが、ここではスズキを対象とした釣り方を紹介してゆく。釣りの時間帯は、慣れた釣り人なら夜間も可能だが、安全性を考慮し、あえて日中のゲームだけを扱うことにする。

使用するルアーは、12～14cmのフローティングミノー、9～11cmのトップウォータープラグ、そして30g前後のメタルジグ。基本となるのは、フローティングミノーだ。

ポイントは、サラシ、波の払い出し、磯際、根周り、海草周りなど、何かしら変化のある箇所に潜んでいるケースが多い。釣り場に着いたら、周辺をよく観察し、攻めるべきポイントと、順番を考える。

基本的には、手前（足元）から始め、徐々に離れたポイントへ移行してゆく。真っ先に攻めるのは、サラシと払い出し。サラシと言うのは、寄せ波が磯に当たってできる白い泡のことで、白い泡とならずに帯状の流れとなるのが払い出し。ともに、ベイトフィッシュが集まりやすく、磯のシーバスフィッシングでは最有力ポイントと考えてよい。やや沖目にフローティングミノーをキャストし、ゆっくり引いてくる。

磯際、根周り、海草周りは、スズキが身を隠しやすいポイントで、スズキが居着いている可能性が高い。攻略法としては、磯際、根、海草帯ギリギリにルアーを通すつもりでリトリーブを行う。フローティングミノーかトップウォータープラグがよい。

フローティングミノーやトップウォータープラグで届く範囲を一通り攻め終えたら、最後に沖の潮目や根周りをメタルジグで攻める。鳥がイワシをついばんでいるようならスズキがいる可能性は高い。アシストフックを1本付け、ゆっくり引いてくる。

Fishing Tackle

タックルとラインシステムとルアー

リール

小型スピニングリール

ラインシステム

メインラインは PE0.8 ～ 1 号。ショックリーダーは、ナイロンまたはフロロカーボン 20 ～ 30lb（6 ～ 8 号）。長さは 1.5m。ミッドノット、FG ノット、PR ノットなど摩擦系ノットでつないでおく

専用ロッド

11ft

ルアー

フローティングミノー（12 ～ 14cm）、トップウォータープラグ（9 ～ 11cm）、メタルジグ（30g）

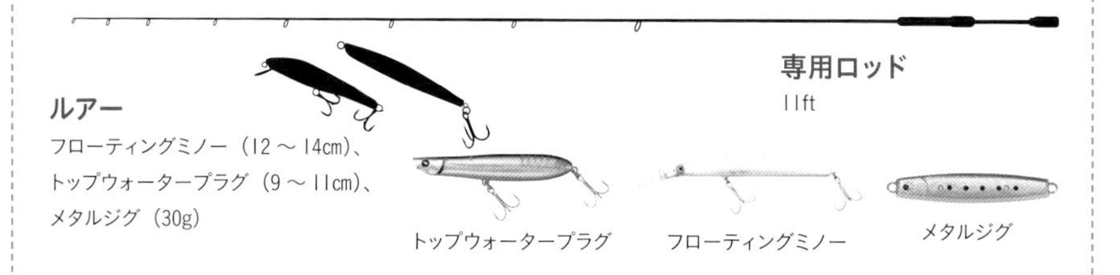

サラシは寄せてくる波と磯がぶつかり合ってできる白い泡の部分

磯の合間を流れる払い出し

根周り、海藻まわりに居着いている場合もある

ボート・釣り船での釣り方

ボート（または釣り船）からのゲームには、キャスティングとジギングの2通りある。

まずは、キャスティングゲーム。ポイントは、バースをはじめとするストラクチャー周りか、トリヤマが立っている所。

バイブレーションをキャストしたらボトムまで沈め、アクションを付けずにリトリーブしてくる。スピードは、スローがよい日もあれば、ファストに軍配が上がる日もあるので、いろいろと試してみたい。

スズキが反応する速さを少しでも早く見つけ出すことが大切であり、その日の釣果につながる。

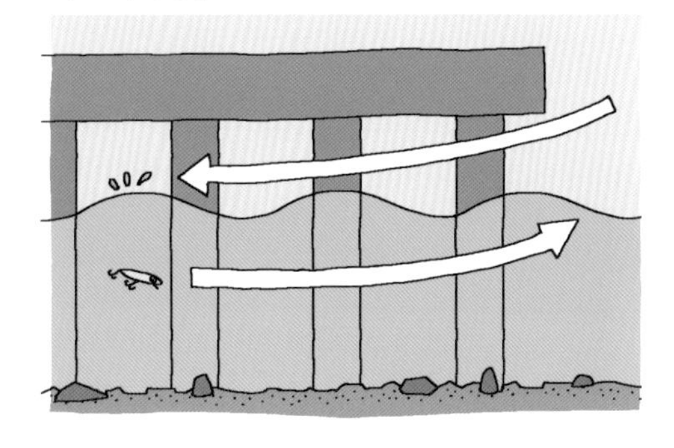

キャストに慣れないうちは、バース（荷役のための泊地）にルアーをぶつけて壊すことも多々。予備のルアーを多めに用意しておくとよい

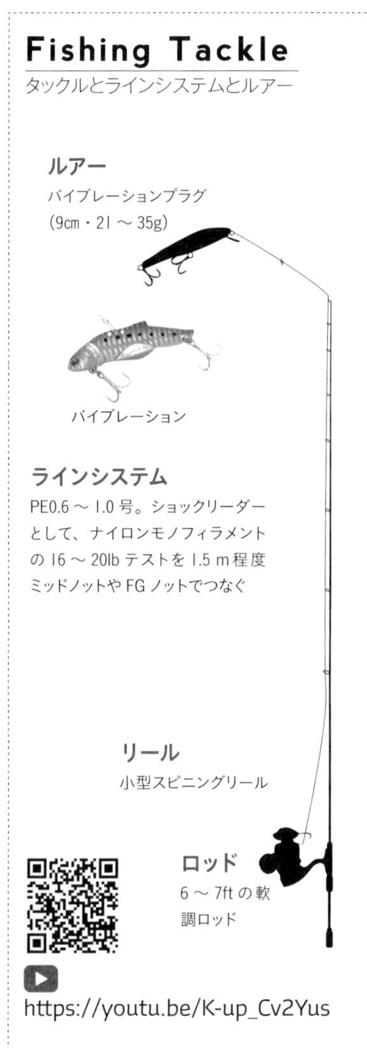

こうした橋桁付近もスズキがよくいるポイントで狙い目だ

夜間のボートシーバスなら、海面を照らす明かりのある橋桁付近まで近寄りキャストすることもできる

大型のシーバスと出合えるチャンスも多い

OTHER Technic

ジギングで釣る

ジグングでの釣り方は、メタルジグを落とし、着底したら、ロッドを小刻みにしゃくりながら引き上げてくる。しゃくり上げたルアーを、1mほどフワッとフォールさせてみるのも効果的だ。

スズキがヒットしたら、ロッドを起こし気味にしたまま、リールでラインを巻き取ってゆく。取り込み時にフックが外れやすいため、小型でもネットでランディングしたい。そのときは魚の頭側から入れること。

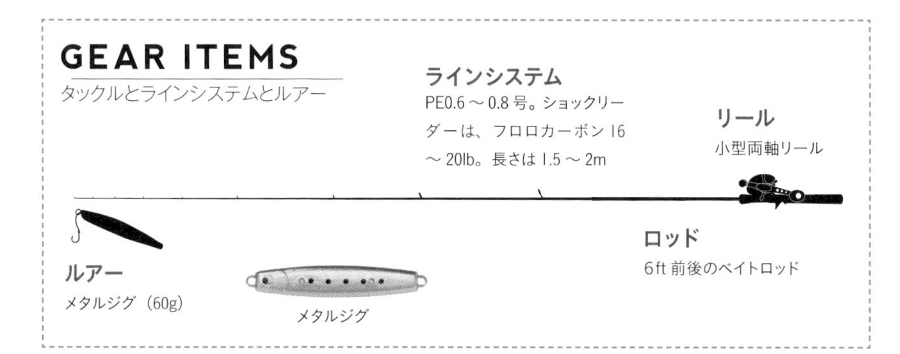

干潟での釣り方

潮が引いたときに立ち込んでミオ筋やアマモなどの周辺を攻める。従って、ウェーダーとフローティングベストは欠かせない。

干潟の釣りでは、海岸で待機して潮が引き始めるのを待ち、立ち込めるほどの潮位になり次第、できるだけ沖に出てキャストを開始する。途中のアマモ帯などを探りつつ、徐々に沖へ出てゆくようにする。最終目的地は、沖の深みやミオ筋。ミオ筋というのは、干潮時でも船が行き来できるよう人工的に掘った船道のことだ。

釣り方は、広い範囲をまんべんなく攻めるのが基本。立ち位置を中心に、360 度ルアーをキャストし続けること。

初心者でも扱いやすいのは、フローティングミノー。ただし、1m 以上潜るタイプでは底を叩きすぎて釣りにならない。表示深度が 20 ～ 40cm程度の製品を探し出し使用する。

シンキングペンシルは、引き抵抗が少ないため初心者には扱いづらい。しかし、このほとんど泳ぎもしないプラスチックの塊が、どうやらスズキたちの目には魅力的に映るようなのだ。

リトリーブ速度は、どちらのルアーもスローがよい。ゴツゴツッときたら、ロッドをグイーッと、後方へ倒すようにしながらしっかり合わせる。ファイト中は、フックアウトを避けるためにロッドを寝かせ気味にしておく。引き寄せたらリーダーを手に取り、下あごをつかむか、フッシュグリップを使って取り込もう。

Fishing Tackle
タックルとラインシステムとルアー

ラインシステム
PE0.6 ～ 0.8 号。ショックリーダーは、ナイロンモノフィラメントまたはフロロカーボンの 16 ～ 20lb テスト（4 ～ 6 号）を 1.5 m。摩擦系ノットでつないでおく

リール
中小型スピニングリール

ロッド
8 ～ 9ft

ルアー
フローティングミノー（12 ～ 14cm）※深く潜らないタイプ
シンキングペンシル（9cm前後）

フローティングミノー

シンキングペンシル

ヒラスズキの釣り方

サラシの沖側へキャストしよう

波がぶつかり合いできる白い泡の「サラシ」がポイント

初心者向きとは言えないが、磯のヒラスズキゲームを紹介しておく。

肝心なのは、当日の海況。磯にウネリが押し寄せ、真っ白いサラシが広がるような日がヒラスズキ日和。荒れれば荒れるほど、ヒラスズキの警戒心は解かれてゆく。

そんな過酷な条件の磯に立つとなれば、最優先にしなければならないのが、安全確保。磯際に出なくとも足元までルアーを引くことのできる、ロングロッドが不可欠である。最低でも13ft、できることなら15ft以上のロッドがほしいところだ。

ヒラスズキに対するアピール度が高いのはトップウォータープラグで、フッキング率が高いのはフローティングミノー。2種類のルアーを状況に合わせて使い分けよう。

ポイントは、1にも2にも、サラシ。サラシの沖側へルアーをキャストし、通過させるようにコントロールしながらリトリーブしてくる。

狙いを付けたサラシにヒラスズキが居着いていれば、10投以内に反応がある。反応がなければ早々に見切りをつけ、1箇所でも多くのサラシを攻めてゆくようにする。魚がヒットしたら、しっかり合わせ、ロッドの弾力を利用しながら磯際に引き寄せる。手が届くようならフィッシュグリップで、足場が高くて手が届かないようなら磯ダモを使って取り込む。

Fishing Tackle
タックルとラインシステムとルアー

ラインシステム
PE1.2～1.5号を200mリールに巻きこんでおく。ショックリーダーとして、ナイロンまたはフロロカーボン40lbを2～3m摩擦系ノットでつなぐ

リール
中小型スピニングリール

ロッド
13ft～15ft

ルアー
フローティングミノー（12～18cm）
トップウォータープラグ（11～14cm）

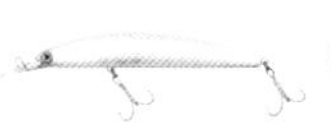

フローティングミノー

トップウォータープラグ

OFFSHORE　SHORE

マダイ専用ルアーがタイラバだ！

10 マダイ

ルアーに好反応を示すことは知られていたマダイ。専用ルアー・タイラバの出現で手軽に、簡単に狙うことが可能となった。

“タイラバ”釣りが人気の魚

生息域は、北は青森県から、南は鹿児島県の屋久島まで。最大は、全長1m、体重10kg以上に育つ。

エサ釣りでは、オキアミを用いたコマセ釣りやサルエビを使用する一つテンヤ釣りが人気だが、ルアー釣りのターゲットとしても、すっかり定着している。以前は、メタルジグで狙うことが多かった。近年急激に人気が高まっているのが、“タイラバ”。オモリとラバーを組み合わせた独特の擬似餌を使う方法だ。

エサを付ける手間が要らないうえ、釣り方が簡単で、しかもコンスタントにマダイが釣れると、いいことずくめで沖釣り師にも人気が高まっている。PE0.8号以下の道糸をベースとした、ライトタックルで大型マダイとの駆け引きを楽しめるのも大きな魅力だ。

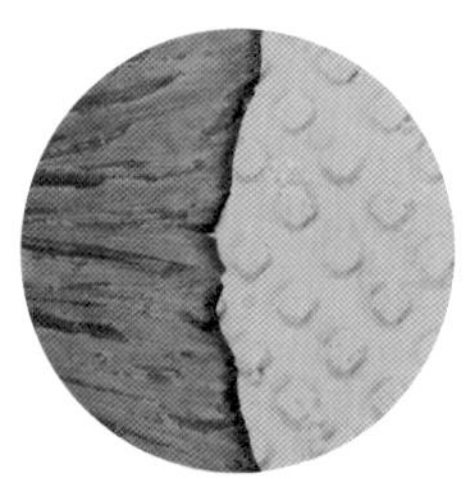

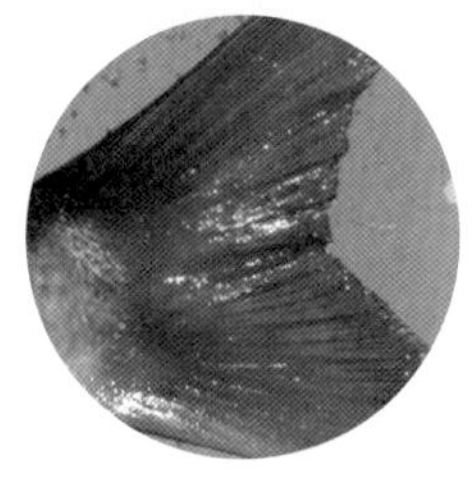

上の写真と下の写真の魚はソックリだが別の魚。上がマダイで下がチダイ。マダイは尾ビレの縁が黒く縁取られている

FIELD DATA

マダイがよくいるポイント

日本全国、マダイ釣りが行われている釣り場なら、どこでもタイラバ釣りが成り立つ。

現時点で多くの実績が上がっているのは、常磐（茨城県）から南房（千葉県）にかけて、東京湾、御前崎、伊良湖水道、和歌山県加太周辺、瀬戸内海一帯、四国沖、錦江湾、五島列島周辺、玄界灘、山陰、新潟県から青森県にかけての日本海一帯、陸奥湾等など。

釣り場の水深は、わずか数mの浅場から、200 m近い深場までと幅広い。オキアミコマセが大量に撒かれている場所では、さすがに分が悪いので、コマセマダイ船に便乗してのタイラバ釣りは、ほぼ成り立たないと考えてよい。

悪食ともとれる捕食スタイル

普段マダイが口にしているものと、釣りで実績の挙がっているエサを列記してみる。

イワシ、アジ、サンマ、イカ、イソメ、貝類、エビ、カニ、オキアミ、生サナギなど。

冷凍サバの1尾掛けで磯からクエ釣りをしていたら大ダイが食ってきた話や、船から生きエサでブリを狙っていたらマダイが食らいついてきたなどという話は枚挙にいとまがない。雑食を通り越して、悪食の部類に入る。実際、メタルジグでタチウオ釣りをしていたときに4kg級のマダイが連発して驚かされたり、磯の大ザラシの中からヒラスズキならぬマダイがフローティングミノーに飛びつてきたりといったハプニングを何度も経験している。

大型のマダイ

FISHING SEASON

季節によって食べるものが異なる。一年を通して楽しめる

周年と思って間違いない。基本的には、夏から秋にかけては中小型主体に数釣りができる時期で、晩秋から春にかけては良型が狙える時期。当然、地域によって大きく変わるので、釣行前にその地域の状況をよく確認してから出掛けよう。

春のマダイは中層に浮いていることが多く、秋～冬のマダイは底近くにいることが多い。春のマダイはイワシの群れに付いていることが多く、秋～冬のマダイは海底の貝類、カニ、エビなどを主食としているためだ。いずれにせよ、マダイは1年中釣れると考えてよい。

CALENDAR

春		夏			秋			冬			
4	5	6	7	8	9	10	11	12	1	2	3

MEMO

1年中釣れる魚だけに、地域差が大きい。たとえば、北限に近い青森県では5月頃から釣果が安定し始め、10月頃まで好調が続く。一方、関東から西では、秋から冬にかけて良型がコンスタントに釣れる。関東周辺で最もノッコミ（産卵前の荒食い）が早く始まるのは、静岡県の御前崎沖。同所は、元々コマセマダイ釣り一色の釣り場であったが、近年はコマセ釣りをしていないポイントをタイラバで攻め、好釣果が上がっている。

焦らず一定のスピードを保ち ハリ掛かりするのを待つ

リールのクラッチを切り、タイラバを海底まで沈めたら、一定のスピードで巻き上げてくるだけ。たったそれだけで、王者マダイが釣れてしまうのだから急激に人気が高まるのも頷ける。

シンカーのウエイトは、水深 ×1 ～ 2 倍。釣り場の水深が 40m なら、40 ～ 80g といった感じだ。重さに幅があるのは、その日、そのタイミングでの潮流や、船が流される速さが異なるため。当然、タイラバがどんどん流されてしまうようなら、状況を確認しながら重くしてゆく。

投入時、タイラバが水面にある状態で、スーッとロッドを横に動かし、ラインを引くようにしながら直線状にして沈めると、リーダーへのフック絡みが防げる。

アタリは、リールを巻いている間にゴツッ、ゴツッ、と明確にくる。慌てず騒がず、そのまま同じスピードでリールを巻き続けることが肝心。

巻き続けるうち、グーンとロッドが曲がり、自然にハリ掛かりする。合わせないことが、大切なのだ。

マダイがハリ掛かりしたら、若干ロッドを起こし、リールを巻きながら引き寄せてくる。海面まで浮き上がったところで船長さんがネットですくってくれる。

Other Techniques

浅い釣り場や風のない状態で行う
キャスティングのタイラバ

着底したタイラバを、たとえゆっくり巻き上げてきたとしてもすぐに水面まで来てしまうような浅い釣り場では、キャストして横方向に引いてくるキャスティング・タイラバが効果的。

潮も流れず風も吹かない状況下では、同じポイントを攻め続けることとなりマダイと遭遇するチャンスが極端に減ってしまう。そんなときにも、キャストして広い範囲を探ることのできるキャスティングスタイルが威力を発揮してくれる。

使用タックルは、ガラリと変わってスピニングロッドとスピニングリールの組み合わせ（右図参照）。

キャストしたタイラバが着底したら、素早くラインスラッグ（糸フケ）をとり、ゆっくりとリトリーブしてくる。アタリがあっても合わせないのは、縦方向の釣りと同じ。ハリ掛かりしたら、ラインが根にスレないよう、慎重に引き寄せ、ネットですくう。

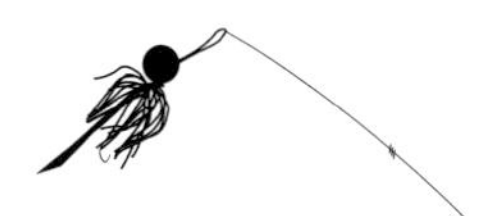

ルアー
使用するタイラバは、40 g以下

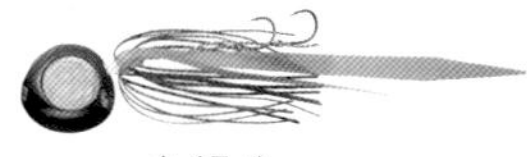

タイラバ

ラインシステム
ラインは、PE0.6 〜 1 号を 200m。ショックリーダーとして、フロロカーボン 16 〜 20lb を 1.5 mつなぐ

リール
小型スピニングリール

ロッド
長さ 6 〜 7ft 程度の、ボートシーバス用ロッドが向いている

HINT

まだまだ未開!? 陸っぱりのタイラバ・ゲーム

浅場で船からのキャスティングでマダイ釣りが成り立つなら、当然、陸っぱりのタイラバゲームも成り立つ。名付けて“陸っぱりタイラバ”。釣り場として考えられるのは、磯。足元から水深があり、沈み根の少ない磯が理想だ。

たとえば伊豆諸島の新島では、砂浜からマダイ、ヒラメ、ヒラスズキ、青物がコンスタントにルアー（フローティングミノー）で釣れる。そんな場所で陸っぱりタイラバを試してみたら、きっとおもしろい釣りができるに違いない。

タックルは、とりあえず船用をそのまま使用するか、9ftクラスのシーバス用を流用する。

OFFSHORE　SHORE　船から、陸からサーベルダンスを堪能

11 タチウオ

太刀のような魚体は英名でサーベルフィッシュと呼ばれる。小魚を追って回遊を続ける獰猛なフィッシュイーターだ。

立ったまま泳ぐスタイルの魚

太刀魚または立魚と書く。それぞれ、太刀のような魚、立ったまま泳ぐ魚という意味だ。英名は、サーベルフィッシュ。分布は、北海道から沖縄にかけて。ただし沖縄方面で釣れるのは、体高が指 10 本分（約 10cm）以上もあるテンジクタチ。背ビレが黄色っぽいため、タチウオとの違いは一目瞭然。本種のタチウオは、指 7 本以下がほとんどで、5 本以上は大型の部類。メーターオーバーの大型はドラゴン級とも呼ばれている。

銀色のボディが美しいタチウオ。獰猛にルアーへアタックするイメージがあるが、非常に繊細なアタリを見せるときもある、二面性を持つ魚なのだ

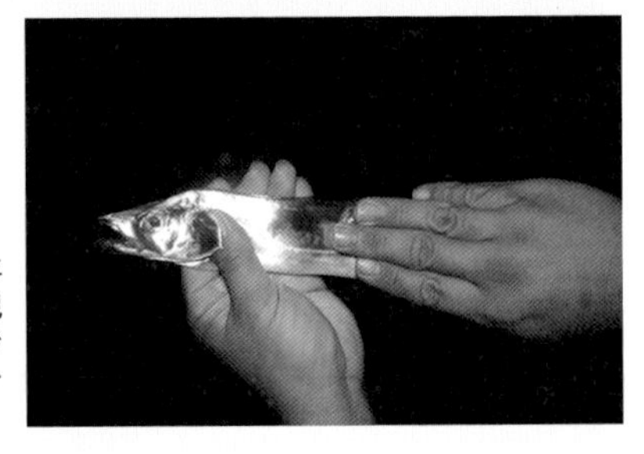

タチウオの大きさは、その平べったい胴の幅を指何本と表現する。3 本で 60cm 級、4 本で 70 ～ 80cm、5 本でメーター級と言われている

FIELD DATA

タチウオがよくいるポイント

よく知られているのは、東京湾、駿河湾、伊良湖水道、鳥羽沖、加太沖、大阪湾、瀬戸内海、別府湾、日向灘、錦江湾、熊本県八代湾、玄界灘、山陰沖、富山湾など。

昼夜ともに釣りは可能。夜間は集魚灯に集まる小魚や小イカを追って、水面まで浮上することも珍しくない。

食いちぎって徐々に飲み込むスタイル

鋭い歯を持つタチウオは、エサを海水と一緒に吸い込むような食い方はしない。最初に一撃ガブリと食いついた後は、食い千切るようにしながら、徐々に飲み込んでゆくのである。

すなわち、アタリがあってもハリ掛かりさせるのが難しい。サバの短冊切りをハリに付けて挑むエサ釣りでは、モゾッとした前ぶれから合わせるまでの駆け引きが魅力となり、多くの沖釣り師を虜にしている。ベテラン好みの釣りと言えよう。

ルアーの場合は、最初のガブリで勝負をかける。金属製のボディにかみついたところでロッドを大きくあおり、フックの位置まで滑らせてフッキングしなければならない。

FISHING SEASON

一年中釣れるが良型は9～10月から

地域によって異なるが、ほぼ1年中狙うことができる。東京湾を例にすると、釣れ出すのは例年7～8月頃。釣り場は、水深20m程度の浅場だ。

ルアーで本格的に狙えるようになるのは、水深60～90mが釣り場となる9～10月頃。サイズも、指4～5本、全長1m超の良型が多くなり、ヒット直後の強い引きが味わえる。その後、徐々に深場へ移動しながら5月頃まで釣れ続くのが例年のパターンだ。

CALENDAR

春			夏		秋			冬			
4	5	6	7	8	9	10	11	12	1	2	3

MEMO

幽霊魚という異名を持つ魚だけに、神出鬼没。群れの動きを把握するのは、極めて難しい。今日釣れたからといって明日も釣れるとは限らないし、その逆もある。特筆すべきは、富山湾で冬に好釣果が得られること。水深が深くタチウオの生息に適していることと、能登半島が北西風を遮ってくれるためだ。

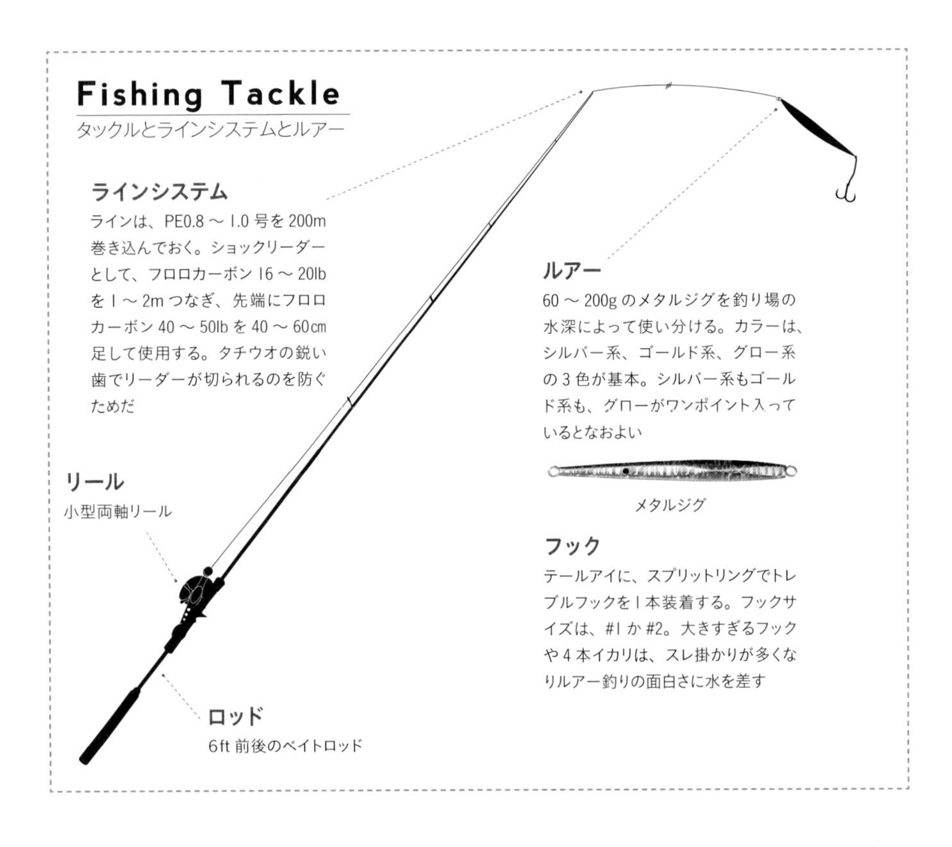

その日の状況に合わせたヒットパターンを探ろう

使用するメタルジグのウエイトは、水深と同じ数字が基本。釣り場の水深がたとえば 60m なら 60g、100m なら 100g といった具合だ。

ところが最近は、1.5 倍くらいの重さを使う人が多くなった。メタルジグが着底するのを待つのがじれったい、ということなのだろう。

釣り方は、ボトムまで沈めたメタルジグを、ショートピッチジャークで引き上げてくる。小刻みなしゃくりがよい日もあれば、幅広いしゃくりが効く日もある。リトリーブスピードにしても、ファスト、スローと、日によってタチウオの反応はまちまちなので、いろいろと試してヒットパターンを探ること。ときには、途中で止めてみたり、フワッとフォールさせてみるのがよい日もある。

アタリがあったら、ロッドをグイーッと引き上げるようにして合わせる。メタルジグにかじりついたタチウオの口をフックの位置まで滑らせフッキングさせるイメージだ。

フッキングに成功したら、ロッドを立て気味にしたまま、リールでラインを巻き取ってゆく。

Other Techniques

水深のある海岸、岸壁から タチウオ釣りが楽しめる！

場所によっては、夜間、陸からのキャスティングでタチウオを釣ることができる。たとえば、波口から急激に深くなっている海岸。沖合で船のタチウオ釣りが成り立っているようなら可能性は高い。

釣り方は、30～60ｇのメタルジグ、または30ｇ以上のバイブレーションプラグをフルキャストし、いったんボトムまで沈めてからゆっくりリトリーブしてくる。

一定の速度でアクションを付けずに引いてくるのが基本だが、リフト・アンド・フォールを繰り返しながら徐々にレンジを上げてくるパターンが威力を発揮する日もある。

リフト・アンド・フォールでは、フォール中にコツンと小さなアタリが出るケースが多い。意識していないと見逃してしまうほど小さなアタリだが、コツンと感じたらロッド全体で大きく合わせるとフッキングする。

岸壁は足元から水深があるため、海岸ほど飛距離を必要としない。従って、タックルも長くて硬いものではなく、8～9ftの軟らかいシーバスロッドで十分間に合う。むしろ、軟らかめの方が掛かったあとのやりとりが楽しいくらいだ。

使用ルアーやメソッドは海岸と同じでよい。

上手くフッキングできたら、あとはラインを弛ませないよう、同じ速度で引き寄せ、足元まで寄ったところで躊躇せず抜きあげて取り込む。

Chapter 2 タチウオ／ジギング・キャスティング

ルアー（海岸・岸壁）
30～60gのメタルジグか30g前後のバイブレーションプラグ

ラインシステム（海岸）
PE0.8～1.0号。ショックリーダーは、フロロカーボン20lbを1.5mつなぎ、先端に同じくフロロカーボン40lbを40cmほど足して、鋭い歯によるリーダーブレイクを防ぐ

ラインシステム（岸壁）
PE0.8号を200m。ショックリーダーとしてフロロカーボン16～20lbを1～2mつなぎ、先端に同じくフロロカーボン40lbテストを40～60cm程度足しておく

フック
メタルジグのフックは、テールアイにスプリットリングを介してトレブルフックを1本付けるだけでよい

リール
中型スピニングリール

ロッド（海岸）
長さ9～10ft程度、やや硬目のシーバスロッド

ロッド（岸壁）
8～9ftの軟らかいシーバスロッド

OFFSHORE　SHORE　ゲーム性の高いルアーターゲット

12　ロウニンアジ（GT）

ケタ外れの大きさとパワーで、絶大な人気を誇る究極のルアーターゲット。トップウォーターで豪快なゲームを楽しむ。

一度経験したら虜になる憧れの魚

標準和名は、ロウニンアジ。英名のジャイアントトレバリーを略して、GTと呼んでいる。国内での生息域は、種子島以南。最大70kgにも育つ巨大魚で、パワーは桁外れに強い。ルアー釣りにおける究極のターゲットのひとつである。近縁種として知られているのは、カスミアジ、ギンガメアジ、カッポレ、オニヒラアジ。カッポレ以外は、GT狙いのトップウォータープラグにしばしばヒットしてくる。

大きな口で大型ルアーをバクっとくわえる

GTを狙っていると嬉しいゲストも。暖かい海域にいるバラフエダイ（アカマス）

これは20kg級のGT

FIELD DATA

GT がよくいるポイント

サンゴ礁帯のコーナー、スリット、エッジ、沈み根周り、ベイトフィッシュの周辺、水道の流れの中など。ボートからもショア（陸）からも狙うことができる。

ＧＴ専門のチャーターボートがあるのは、種子島、屋久島、奄美大島、沖縄本島、北部の伊是名島、久米島、石垣島、宮古島。そこから、周辺の島周りを攻めてゆくことになる。

ミヨシ（船首）、から思い切り飛距離を出しポッパーをキャストする

広大な浅瀬のどこかにGTが泳いでいる

とにかく派手な捕食スタイル

バイトの仕方は、とにかく派手。

近年は、ペンシルタイプのルアーで実績を上げているケースも多く見受けられるが、広口ポッパーの派手なアクションに飛び付いてくる貴重なターゲットであるがゆえ、どうせなら派手なルアーを使い豪快なゲームを展開したいものだ。

FISHING SEASON

南に行くほど釣期は長く、12月までコンスタントに釣れる

釣り場によって差があり、南へ行くほど長期間にわたって釣ることができる。

釣果が安定しだすのは、八重山方面では5月頃、北限の種子島では7月頃。11～12月頃までコンスタントにヒットが得られる。その頃から北西の強い風が吹く日が多くなり、徐々に釣果が不安定となりシーズンが終わる。

CALENDAR

春			夏		秋			冬			
4	5	6	7	8	9	10	11	12	1	2	3

MEMO

屋久島と奄美大島の間に点在するトカラ列島は、大型GTの釣り場として世界中のゲームフィッシャーマンに知られている。70kgオーバーの世界記録魚がキャッチされているからだ。そのトカラ列島のGTは、例年7月頃、トビウオの群れを追って同エリアに回遊し、そのまま初冬まで居つくと言われている。いずれにせよ、フィッシュイーターはベイトフィッシュ次第なのである。

ポッパーは、水しぶきを上げるよう強くしゃくる

リーフエッジぎりぎりにルアーをキャストしたら、ロッドをあおってルアーを引き、ガボッ、ガボッと水面で泡を立ててGTを誘う。

リールを巻き糸フケを巻き取りながらロッドをルアーの方向へ戻し、再びガボッと引く。その繰り返しだ。

ヒットの瞬間は、突然訪れる。水面のルアーを目がけ、水面を切り裂くように接近してきてガバッとバイトしたり、あるいはルアーの真下からいきなりもんどりうってバイトしてくるなど、さまざまなパターンがある。

共通しているのは、派手に水しぶきが上がり、大きな捕食音が響くこと。それこそが、GTゲームの真骨頂と言える。ズシンとロッドに重みがのしかかったところで、力任せにロッドをあおり、強く合わせる。ファイト中にフックアウトでバレてしまうのは、合わせが弱い証拠だ。

フッキングに成功したら、ロッドを立てて、1mでも多く、1秒でも早く、遮二無二にリールを巻く。リールの力だけで巻けなくなったら、ポンピングで寄せながらラインを巻き取る。防戦にまわると根の下や隙間に逃げ込まれやすいので、できる限り攻め続けることが重要だ。

水面まで引き上げたら、ネットですくい、船内に取り込む。キャッチしたGTの口からプライヤーでフックを外し、弱らないうちにリリースする。

Other Techniques

陸っぱりでも GT が釣れる

GT は、陸っぱりで狙うこともできる。釣り場となるのは、磯、堤防、サーフ、リーフエリアのウェーディングなど。

四六時中狙えるのは、磯とリーフエリアのウェーディング。堤防とサーフは、朝夕、ベイトフィッシュを追って回遊してくる GT が狙いとなる。

チャーターボートが手配できない島や釣り場で GT を狙うなら、いやがうえでもショアゲームを展開するしかない。ルアーも含め、ボートからのタックルをそのまま流用する 。

釣り方は、できるだけロングキャストを行い、ジャーク、あるいはポッピングをしながらルアーを引いてくる。

バイトは、ボートゲーム以上に突然で度肝を抜かれることも少なくないが、とにかく合わせだけはしっかり行うこと。

ヒット後のファーストランを止めることはまず不可能なので、相手の走りが止まるまでは、ロッドを立て、耐えるしかない。ラインブレイクが起きやすいのは、このとき。ラインが沈み根やサンゴ礁に触れてしまったら、運が悪かったと諦めよう。

ショア GT のランディング率は、おそらく 2 割以下と思われるが、やられるのはほとんどがこのファーストランの間だ。

運よくファーストランをしのいだら、その後はドラグを強めにセットし、運を天に任せてやや強引なファイトを展開する。

取り込みは、魚体に手が届く釣り場ならハンドランディング、足場が高くて直接手が届かない釣り場なら、ギャフを使用する。ギャフは、口に掛けるか、どうしても難しいようなら背中に掛ける。

ラインシステム
PE6 ～ 8 号。ショックリーダーは、130lb 以上

ロッド
できるだけ長さのある GT ロッド（ボートゲーム用）

リール
大型スピニングリール

HINT

GT ゲームのおもしろさを追求するならポッパーがよい

最近は、見た目も動きも、弱った魚に似ていて、安心感があるからか、ヒラマサやマグロ釣りに使用するフローティングタイプのペンシルを使用するアングラーが多くなった。GT ゲームの本当のおもしろさを味わいたいなら、広口ポッパーがおすすめ。本物の小魚とは似ても似つかぬ形ながら、ペンシルに勝るとも劣らぬ釣れっぷりだ。どこからどう見ても小魚に似ていないルアーで大きな魚が釣れるなんて、実に痛快ではないか。

OFFSHORE SHORE ゲーム性の高いルアーターゲット

13 シイラ

船から手軽に挑めるルアーターゲットの代表格。メーター級の大型がトップでルアーを追う!　その引きの強さを味わうとやみつきになる。

南へ行くほどアベレージサイズが大きくなる

暖海系の魚で、夏になると黒潮に乗って北上する。太平洋側の北限は宮城県、日本海側は青森県。南は、琉球列島、小笠原諸島まで分布している。最大は、全長2m、体重30kgに達する。本州近海で釣れるのは15kgぐらいまでが多い。南へ行くほどアベレージサイズが大きくなる。ルアーへの反応がすこぶるよいため、オフショアゲーム入門にはうってつけだ。

相模湾内に長くとどまったは、ルアーに対して警戒心が強く一筋縄ではヒットしない。そんな、スレたシイラを相手にするのも楽しいものだ

海に浮かぶパヤオ（浮漁礁）。周辺にシイラがいる

シイラは体表の色が変わり、海では右の写真のように青白く輝いてみえる。ストレスがかかると黄金色に変化する

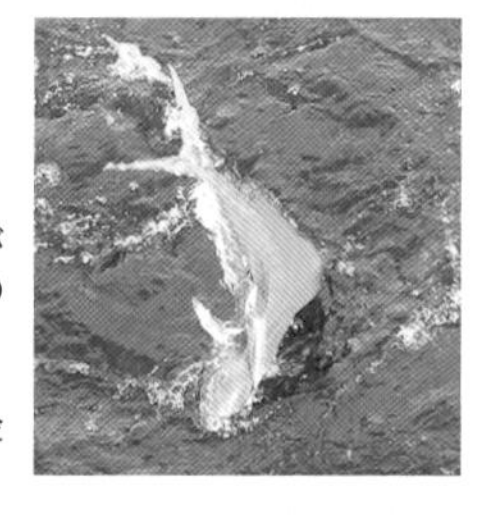

FIELD DATA

シイラがよくいるポイント

主なポイントは、潮目、漂流物（流木や流れ藻等）、トリヤマ。潮目は、2つの異なる流れがぶつかってできる帯状の筋。プランクトンや小魚が集まり、それを追ってシイラもやってくる。潮目の中に漂う流木や流れ藻のかたまりは、特に狙い目。トリヤマは、水面に浮き上がった小魚の群れを鳥が争うようについばんでいる状態。小魚の群れを水中から追い上げているシイラは、やる気満々でルアーに対する反応はすこぶるよい。

猛然と食らいつく捕食スタイル

活性の高いシイラは、とにかくアグレッシブ。水面を泳ぐルアーに猛然と襲い掛かる光景を目の当たりにすれば興奮は最高潮に達する。

獰猛なシイラもルアーで攻め続けるとスレて警戒心が強くなる。相模湾のパヤオ周りには、連日、何10艘ものルアー船がやってきてルアーを投げるのだから、たちまちスレてしまうのも無理からぬ話だ。

そのスレたシイラとの戦いも、ルアーフィッシャーマン的にはおもしろい。知恵比べ、腕試しといったところだ。

FISHING SEASON

地域により差がある。相模湾では6月〜9月がシーズン

相模湾に面した船宿の多くは、6〜9月頃にかけて毎日シイラの乗合船を出している。当日釣行も可能だが、相模湾に群れがやってくるのは6月頃。気の早い船宿では5月頃から探索を始め、群れの到来を確認するや乗合船を出す。乗合船の終了は、概ね9月。

CALENDAR

春			夏		秋			冬			
4	5	6	7	8	9	10	11	12	1	2	3

MEMO

紀伊半島、四国、九州といった具合に南へ下るほど早くからシイラゲームが楽しめる。沖縄となれば1、2月でもシイラ釣りが可能だ。一般的には、黒潮とともに北上するため、その年の黒潮の流れに左右される。

トップウォーターから始め、ジャークベイトで探る

船が、潮目、漂流物、トリヤマなど、シイラのいるポイントに近づいたら、船頭さんの合図で釣りを開始。通常は、ミヨシ（船先）に立つ釣り人から順にキャストを行い、胴の間からトモ（船尾）にかけての釣り人は、先にキャストした釣り人のラインと交差しないよう注意しながら釣りをする。

結局、ミヨシに立つ釣り人ほど有利となるが、最近のルアー船では公平を期すため釣り座がローテーション制となっているケースが多い。従って、1日を通せばみな平等ということになる。

キャストするルアーは、トップウォータープラグから始め、徐々に潜るタイプに交換してゆくのが基本。いきなり潜るルアーを使うと、水面に浮いていたシイラまで潜らせてしまうことになりかねないので注意が必要だ。トップウォータープラグ、ミノープラグ（フローティング、シンキング）、ジャークベイト（バイブレーションなど）といった順で試すのがよい。

釣行した日にシイラの活性が低く、いくら試しても水面まで出てこない場合は、トップウォータープラグを使わず、ジャークベイトから始めるのも一法だ。

リトリーブは、特にアクションはつけず、速めに引いてくるだけでよい。

トップウォータープラグから始め、速めに引く

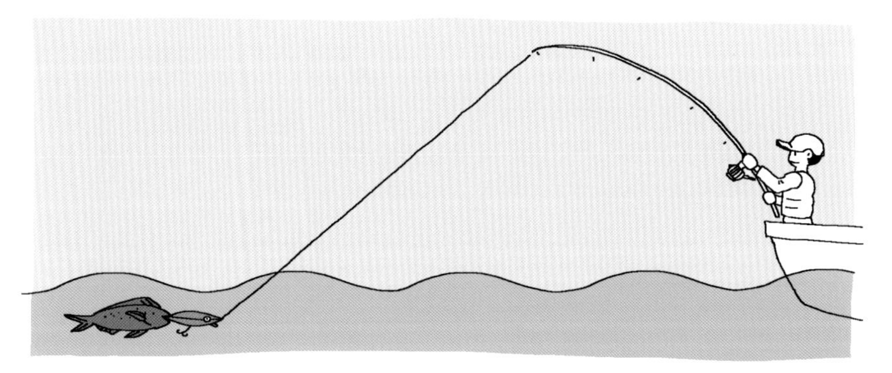

Other Techniques

スレたシイラこそ腕の見せ所 ルアーに工夫を凝らすのも一手

シイラは、繰り返し攻められていると、スレてしまうため、徐々にルアーに反応しなくなる。このスレたシイラとの駆け引きが、なかなかおもしろいのだ。攻め方次第では、ルアーにまんまと食らいつかせることができるからだ。

有効な手段の一つが、水中のルアーを横方向へ動かすジャーキングアクション。スライドアクション、ダートアクションなどとも呼ばれる。

やり方は、ルアーをリトリーブする際、ロッドを下向きに構え、鞭を打つような感じで1mぐらいずつ強い動きを与えてやる。その強く引いた際にルアーが若干バランスを崩し、横方向への動きが生まれるというわけだ。

このアクションは、実に効果的。それまでルアーを無視し続けていたシイラが、先を争って奪い合うようになるほどだ。

そして、さらなる一手が、ジャークベイトの後ろのフックを外してブレードを付けるチューニング。たったそれだけのことで、反応が驚くほど変わってしまうから不思議だ。

使用するブレードは、#3 号程度。シルバーよりゴールドカラーが断然効く。

ブレードにスプリットリングを付け、小型のスイベルを介してルアーのスプリットリングに付ける。

あるいは、ルアーのスプリットリングにスナップスイベルを付け、スナップにブレードを付ける。これなら現場でも素早く交換することができるので、ぜひ、タックルボックスにブレードを忍ばせておいていただきたい。

OFFSHORE SHORE トップが面白い！

14 カツオ（キメジ）

水面直下に群れるベイトフィッシュを追って駆け巡る魚体。トップウオーターを意識したルアー操作でダイナミックなゲームが楽しめる。

大型も期待できる夏～秋が旬の魚

黒潮と共に春から初夏にかけて北上するカツオを“上りガツオ”と呼び、秋のカツオを“下りガツオ”と呼ぶ。日本最西端に位置する与那国島では、2月になれば釣れ始める。その後、本州の太平洋側を北上する。最大サイズは10kgを優に超えるが、圧倒的に多いのは2～5kg。6kg超えとなれば大型の部類だ。カツオの群れにはキメジ（10kg以下のキハダ）が混在していることが多い（キメジを狙いたい場合はP128を参照）。

激しく暴れるので素早く締める。締め方はP138

取り込みにはタモを使う

FIELD DATA

カツオがよくいるポイント

ポイントとなるのは、トリヤマかナブラ。トリヤマとは、海鳥が無数に集まり海面に急降下しては小魚をついばんでいる状態のこと。小魚の種類はカタクチイワシで、ときには黒い塊に見えるほど密集していることもある。その状態を、“イワシ玉”あるいは“イワシダンゴ”などと呼ぶ。鳥の付いていない、カツオだけのナブラが立つこともある。イワシやシラスを追いながら移動する群れで、とりわけ早期のナブラは移動速度が速く、追いかけきれないケースも多々ある。

トリヤマがある所には小魚がいる

猪突猛進型の捕食スタイル

表層近くで横方向に泳ぎ回りながら、イワシやシラスを捕食する。一般に、近縁種のソウダはイワシの群れを包囲し、上手に固めてから食べると言われ、カツオはイワシの群れを蹴散らすように、ど真ん中に突っ込んでゆくと言われる。

一方、キメジの動きはカツオとは異なり、縦方向の動きが基本。深い所から急浮上してイワシを捉え、再び深い層へ戻る。

同じ群れとして移動しながらも、動きがまるで異なるのがおもしろい。

FISHING SEASON

春から第一弾、11月まで釣れ続ける

沖縄方面のパヤオでは2、3月頃から釣れ始める。その後、四国沖や紀伊半島沖で姿が見られるようになり、遠州灘、駿河湾、相模湾と北上する。

相模湾では、例年4～5月頃に第1弾がやってくるものの、安定するのは、8月に入ってから。初期は中～大型が大半を占めるのに対し、夏のカツオは小～中型が主体。夏に小型が釣れ出すようになれば、本格的にカツオの群れがやってきたと判断できる。そのまま、徐々にサイズアップしながら、11月頃まで釣れ続ける。カツオの群れに混在するキメジも、シーズンはほぼ同じと考えてよい。

CALENDAR

春			夏		秋			冬			
4	5	6	7	8	9	10	11	12	1	2	3

MEMO

沖縄のパヤオ周りでは2～3月頃より釣れ始めるが、パヤオはカツオをはじめとする回遊魚の移動の足止めをする目的で設置されているため、通常より釣期が長くなる。パヤオにおけるシーズンは、例外と考えるべきだろう。

Fishing Tackle

タックルとラインシステムとルアー

ルアー

基本となるのは、9～11cmのシンキングペンシルか40g程度のメタルジグ。カラーは、シルバー系とゴールド系。晴れの日はシルバー系、曇りの日はゴールド系をチョイスするのが基本

シンキングペンシル

メタルジグ

トップウォータープラグ

11cm前後のトップウォータープラグ、12～15cmのフローティングミノーもあれば心強い

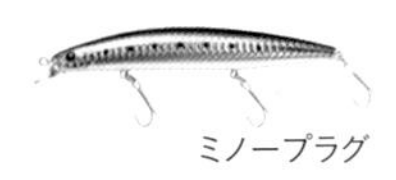

ミノープラグ

トップウォータープラグ

ラインシステム

ラインはPE1.5～2号を300m巻き込んでおく。まさかの大物がヒットしたときのためだ。ショックリーダーは、ナイロンモノフィラメントの40lb。長さは1.5mもあれば十分である

フック

シンキングペンシルには、通常2本のトレブルフックが装着されている。フックのバーブをプライヤーで潰し、そのまま使ってもよいし、シングルフックに交換して使うのもよい

リール

中型スピニングリール

ロッド

シイラ用をそのまま使用することができる。ロッドは6ft前後の短めが扱いやすく、ヒットしたカツオに遊ばれにくい。短めのロッドでカツオをコントロールしながら一気に寄せてくることが肝心で、遊ばれすぎると乗り合わせた釣り人とのライントラブルを併発しやすい。注意が必要だ

表層ならスキッピング
中層はミノーかジグで釣る

基本中の基本となるのは“スキッピング”、すなわち、水面を滑るようにルアーを高速リトリーブする方法。

使用するルアーは、9～11cmのシンキングペンシルか40g程度のメタルジグ。通常、シンキングペンシルにはトレブルフックを1～2本、メタルジグにはアシストフックを装着して使用する。

ナブラの進行方向か群れの向こう側へキャストをしたら、着水と同時にファストリトリーブを開始。一瞬たりともルアーを水中に沈ませぬよう、水面を飛び跳ねるように引いてくるのがコツだ。

バイトは、水面を走るルアーに飛びかかるようにガバッと食らいつくケースが多い。あるいは、ルアーの後方で何度か反転してからガツンとヒットすることもある。

いずれの場合も一瞬間を置いてから、ロッドをあおりしっかりハリ掛かりさせる。

スキッピングで高速リトリーブ（表層）

イワシダンゴで中層を釣る場合（中層）

イワシダンゴにはシンキングペンシルかメタルジグを投げ入れる

ベイトのカタクチイワシが密度の濃い塊（イワシ玉、またはイワシダンゴ）になっている場合は、シンキングペンシルかメタルジグを塊の中に直接投げ入れ、ラインを送りながらフリーフォールで沈めてゆくのが効果的だ。

途中でラインの出が止まったらカツオがルアーをとらえた証拠。素早くリールを巻いてラインスラッグ（糸フケ）を取り、ロッドをあおって思い切り合わせる。

魚が掛かったら、魚の引きに逆らわないよう、強く引いている間はじっと待つこと。走りが止まったら1cmでも多くラインを巻き取ろう。

なお、口周りが弱くバレやすいので、たとえ小型でもネットを使って取り込むことよう心がけたい。

Other Techniques

カツオタックルでキメジを釣るならルアーはメタルジグかミノーで

カツオが横方向に泳ぎ回っているのに対し、キメジは縦方向の動きが多い。その点を留意しながら狙うとよい。

基本はカツオ同様、シンキングペンシルかメタルジグのスキッピングが効果的。ルアーのフックも大きさもカツオ狙いのままでよい。

キメジの跳ねが見えたら、群れの進行方向か群れの向こう側へルアーをキャストし、着水と同時にファストリトリーブを開始する。カツオばかりでキメジの姿が見えない場合は、カツオの群れの下にキメジがいると考えられる。

そんなときは、ミノーの出番。ルアーをキャストしたら、ロッドを下向きに構えノーアクションのままファストリトリーブを行う。

あたり一面でキメジ（あるいはカツオ）が跳ねているのにシンキングペンシル、メタルジグ、ミノープラグでヒットしない場合は、バイブレーションプラグを試してみると好結果につながることがある。

バイブレーションは、シーバス用の28〜35g。使い方は、キャストしたらそのまま5〜10m沈め、ゆっくりリトリーブしてくる。

いろいろなレンジを探れるのもバイブレーションプラグの強みだ。キメジがヒットしたら、最初は走るだけ走らせ、止まったらロッドを立て、リールを巻いて徐々に引き寄せる。

ときには、10kg以上がヒットすることもあるが、ドラグ調整さえしっかりしておけば、カツオ用のタックルでも十分戦える。魚の走りに合わせて船内での立ち位置を移動し、最後はネットを使って取り込む。

ミヨシからメタルジグをキャストして、スキッピングでキメジにアピールする

カツオは黒潮に乗って北上する

カツオの群れの下にいることが多いキメジ

OFFSHORE SHORE 強烈な引き味を堪能！

15 ヒラマサ

大型回遊魚の代名詞であるヒラマサ。流線型のスマートな魚体に黄色のストライプが特徴だ。ジギングで大型を狙う。

ヒラマサってどんな魚？

生息域は、青森県から鹿児島県まで。近縁種のブリに比べると若干暖かい海を好む習性がある。50kg近いサイズも釣り上げられているが、通常は10kgを超えれば大型の部類だ。一般的には、太平洋側では千葉県以南、日本海側では石川県以南で、キャスティングおよびジギングの対象魚となる。

10kgオーバーのヒラマサ！取り込みはタモで行おう（写真左）

重量感たっぷりのヒラマサ（写真右）

FIELD DATA

ヒラマサがよくいるポイント

安定した釣果が上がっているのは、日本海側の山陰から九州にかけてと、太平洋側の房総半鵜（千葉県）、伊豆諸島（東京都）、および紀伊半島以南。キャスティングゲームが盛んなのは、山陰、玄界灘、壱岐・対馬周辺、五島列島周辺、外房周辺（房総半島）といったところ。

釣り人口が増えるにつれ、釣り場が開拓されてゆくので今後の展開が楽しみだ。

房総半島のヒラマサジギング

メタルジグは垂直だけでなく潮に流して動かすのも手

比較的水深の浅い場所が釣り場となるせいか、垂直方向より、横方向、斜め方向のルアーの動きに対する反応がよい。トップウォーターゲームが成り立ちやすいのは、そんなことに要因があるのかもしれない。

ジギングにおいても、垂直方向のジギングを繰り返すより、メタルジグを潮に乗せながら沈め、斜め方向にしゃくってくると効果的だ。

主なベイトは、イワシ、サバ、サンマ、トビウオ、イカ。五島列島では、シイラを捕食しているヒラマサもいるという。

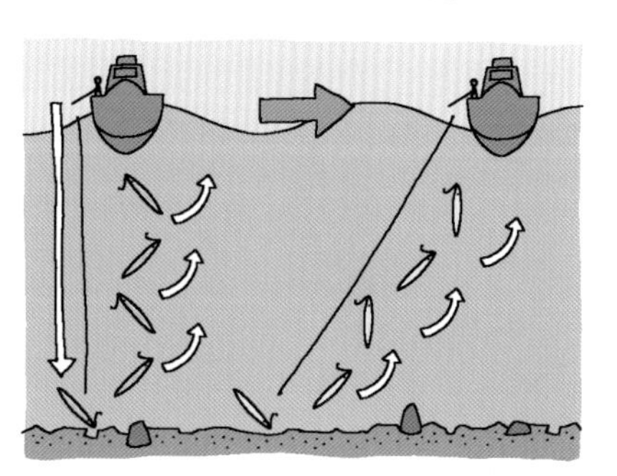

FISHING SEASON

ベイトフィッシュが決め手！

ベストシーズンこそ地域によって差があるものの、一般的には秋から春にかけて。たとえば、ヒラマサ釣りのメッカとして知られる九州の玄界灘では、冬から春にかけてトップウォーターゲームで10kg超のヒラマサが高確率で釣れる。これは、同海域にベイトフィッシュとなるサンマの群れがやってくるためだ。

CALENDAR

春		夏			秋		冬				
4	5	6	7	8	9	10	11	12	1	2	3

MEMO

根周りに居つく習性があるため、カンパチ同様比較的狙いやすい。釣果を左右するのは、潮の流れやベイトフィッシュの有無による魚の活性。潮の流れが速ければ速いほど、ベイトフィッシュが多ければ多いほど、ヒラマサの活性が高くなる。

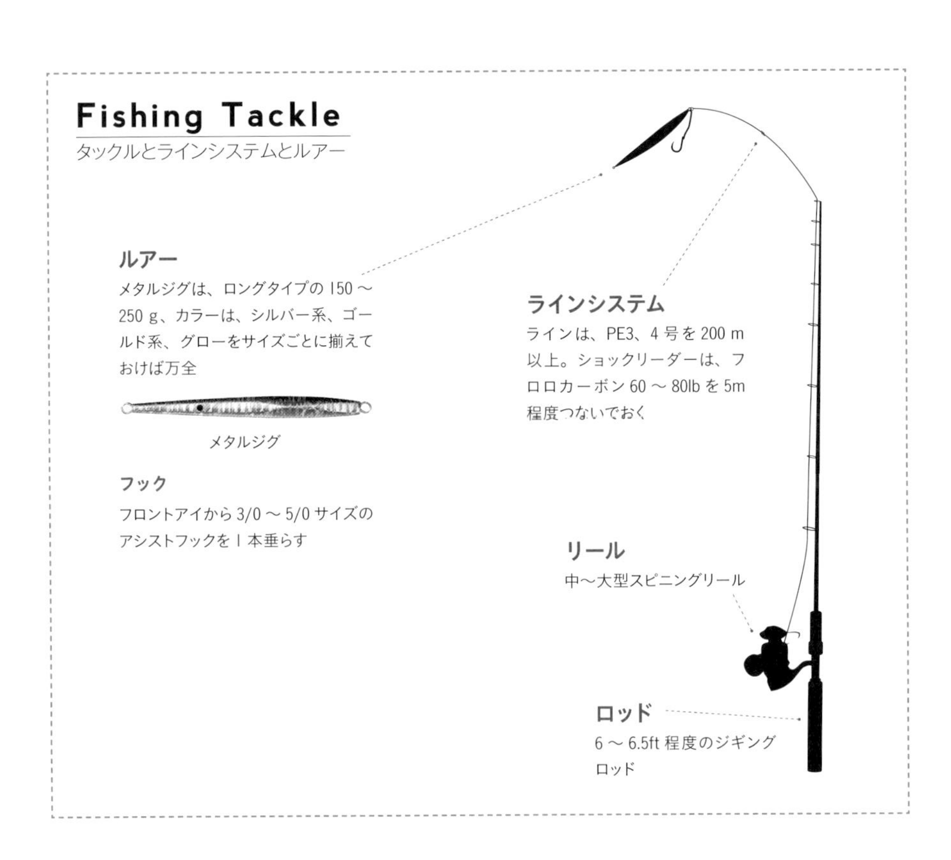

跳ね上げるようにしゃくり、強く合わせる

船頭さんからスタート合図が出たら、メタルジグを前方へ軽く振り出すように投入する。

メタルジグが沈んでいる間は、ラインが出すぎないようスプールに指を当ててコントロールし、着底したら素早くベイルを元に戻す。水中に引き込まれるように出ていたラインがフワッとフケたら（弛んだら）、メタルジグが着底した証拠。この瞬間を見逃すと、再びラインが出始めるので要注意だ。

着底後は、メタルジグを跳ね上げるような気持ちでロッドをしゃくり上げ、リールを巻きながらロッドを元に戻す。この動作の繰り返しが、ジギングの基本。

アタリがあったら、ロッドを引き上げるように強く合わせる。魚がハリ掛かりしたら、ポンピングをしながらリールを巻く。

魚を船の近くまで寄せられたらタモですくい上げる

Other Techniques

キャスティングでヒラマサを釣る

大型ヒラマサに狙いを絞り、キャスティングゲームに固執する釣り人が少なくない。秋から初春にかけて、ヒラマサがサンマの群れを追いかけているときがチャンスとなる。

狙いのサイズは、10～30kg。そんな大物がヒットしたときに後悔しないよう、ロッド、リール、ライン、ショックリーダー、フックに至るまで、万全の態勢を整えておくことが肝心だ。

釣り方は、ロッドを下向きか横向きに構え、ほうきで落ち葉を掃くような感じでサーッ、サーッとルアーを引く。

その際のルアーの動きは、ほんの少し水中に潜りながら左右に体をくねらし、水面に戻る。ストロークの長さを変えたり、ルアーを止めている時間を長くしたり短くしたり、動きに変化をつけながら魚が反応するパターンを見つけよう。

ルアー

キャスティングには、18～20cm程度のペンシルベイトを使う。フローティング、シンキングとあるが、通常はフローティングタイプを使用する

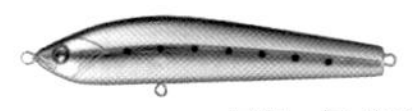

フローティングペンシル

ラインシステム

ラインは、PE4、5号を200m以上。ショックリーダーは、ナイロン80～100lbテストを3～4m。キャスティングにナイロンリーダーを使うのは、結びの緩み防止と、飛距離を落とさないためだ

リール

中～大型スピニングリール

HINT

ファイトのコツ

ヒラマサがガバッとルアーに飛びついたら、一瞬待ってから、ロッドをあおり、体全体を使ってしっかり合わせる。

このとき、合わせが弱いとハリ掛かりが浅くなりバラシの原因となるため、魚の口にフックを貫通させることをしっかりイメージしながら強い合わせを行うことだ。

しっかり掛かったら、グリップエンドをギンバルに当て、ロッドをしっかり保持したまま、リールのハンドルを回せるだけ回す。

基本的には、魚が走ってドラグが滑りスプールが逆転している間はじっと耐え、魚の動きが止まったらロッドを手前に引きつけながら魚を寄せてくる。ロッドをあおり魚を手前に寄せては、ロッドを前に倒しながらリールを巻く。ポンピングの繰り返しだ。

OFFSHORE　SHORE　手軽に狙える回遊魚だ！

16 イナダ・ワカシ

イナダ・ワカシはブリの子ども。ルアーへの反応が非常によく、ビギナーの入門に最適だ。ライトタックルで楽しむジギングがおすすめ!

成長段階で呼び名が変わる出世魚

分布は、北海道から鹿児島県にかけて。関東では、ワカシ→イナダ→ワラサ→ブリ。関西では、ツバス→ハマチ→メジロ→ブリ。ヒラマサと間違えやすいが、上顎後端の上角がヒラマサは丸みを帯びているのに対し、ブリは角ばっている。全長140cm、15kg以上になるが、ここで対象にするのは、手軽に挑むことができる70cm以下のイナダ（ハマチ）クラス。ライトタックルで挑めば、スリル満点のやりとりを楽しむことができる。

落としたジグをしゃくって誘い、ガツンとアタリがあったら合わせる

ブリの幼魚なのでサイズ感はこのくらい「イナダ」と呼ぶのは35cm～60cm

FIELD DATA

イナダがよくいるポイント

日本国中の、岸からそう遠くない、水深50～60mぐらいまでの沿岸海域が主な釣り場。時期によっては、ショア（陸）からのジギングでも狙える。日本海側、太平洋側を問わず、好釣り場は各地に点在している。

典型的なのは、トリヤマの下でバシャバシャ跳ねているナブラ。もう一つは、中層の群れ。これもまた、ルアーへの反応はすこぶるよい。視覚的に見つけることはできないため、船頭さんが魚群探知機やソナーを使って探し出す。ともに、ベイトフィッシュがあっての魚群だ。

吸い込み型の捕食スタイル

ベイトの種類は、イワシ類が主。カタクチイワシ、ウルメイワシ、マイワシ、キビナゴ、イカナゴ、シラスなどを捕食する。食い方は、青物特有の吸い込み型。

食い気が立っているときのイナダ釣りは、極めてイージー。どんなジグであろうと、どんなしゃくり方であろうと、いとも簡単にヒットする。

ところが、一度食い渋るとルアーでヒットさせるのは至難の業。活性が低くて食欲がないからというのではなく、ベイトフィッシュが多すぎて、動きや形状の異なるルアーには見向いてもくれないのだ。

FISHING SEASON

ベイトフィッシュを追うサバがいれば イナダと出合える可能性が高い

1年中。特によいのは夏から秋にかけて。

かつて、ハマチの養殖が盛んに行われていた頃、ブリの稚魚が大量に捕獲されていた影響なのか、ブリの魚影が非常に薄くなった。だが、ハマチの養殖事業が衰退するとともにブリの魚影が復活。10㎏オーバーのブリが各地で釣れるようになったのと同様、イナダやワラサの魚影も復活し、釣れる時期が長くなった。とりわけ秋は、日本中でイナダやワカシが釣れる絶好機である。

CALENDAR

春			夏		秋			冬			
4	5	6	7	8	9	10	11	12	1	2	3

MEMO

地域にもよるが、大サバが交じって釣れることが多々あるが、サバが釣れているようなら、周辺にイナダがいる可能性は非常に高い。

Fishing Tackle

タックルとラインシステムとルアー

ルアー

60 ～ 100g 程度のメタルジグ。ロングタイプと幅広タイプがある。メタルジグのカラーは、シルバー系、ゴールド系、グローの3色が基本。澄み潮にはシルバー系、濁り潮にはゴールド系、さらに潮が暗い時にはグローを選ぶとよい

ラインシステム

PE2 ～ 3 号を 200 ～ 300m。ショックリーダーは、フロロカーボン 30 ～ 40lb を 3 ～ 5m

幅広タイプ

潮の流れが緩くて魚の活性が低い場合は、ヒラヒラと動きの大きい幅広タイプのジグが威力を発揮する

ロングタイプ

沈みが速くしゃくり抵抗が少ないのは、ロングジグ

フック

フックは、フロントアイにアシストフックを1本セットしておくだけで十分

リール

リールは、3500 ～ 4000 番（ダイワ）のスピニング

ロッド

6ft 前後のライトジギング用。適応ライン表示が PE2 ～ 3 号の、軟らかめがよい

ベイト用でも可

6ft 前後のベイトロッドと中型両軸リールの組み合わせもよい。ライン、ショックリーダーは、スピニングタックルと同じ

タナを通過するまで落とし アクションをつけ引き上げてくる

通常、釣り場に到着すると、船頭さんから攻めるタナが指示される。タナというのは、魚の遊泳層のこと。船頭さんは、ソナーや魚群探知機を使って魚の群れを探し出し、船を真上にもってきたところで、攻めるべきタナを指示するのである。

そこで、指示ダナの5m 下までメタルジグを沈め、タナを通過するまでアクションをつけながら引いてくる。

アタリがなければ再び沈め、同じことを繰り返す。

アクションのつけ方は、ロッドを1回しゃくるのに対し、リールのハンドルを1回転させるショートピッチジャークが基本。一定の速度で、テンポよく行えるようになれば一人前と言ってよい。

あとは、しゃくりの幅を変えたりしながら、いろいろなアクションを演出できるよう、徐々に練習してゆく。

多くのバリエーションを持つことは、しゃくり方ひとつで釣果に大きな差が出るジギングにおいては極めて重要なことだ。

アタリがあったら、ロッドを強く跳ね上げ、しっかり合わせる。魚が掛かったら、ロッドを水平より立て気味に構え、できるだけリールの力で引き寄せてくる。

リールが巻けないような大物が掛かったら、ロッドで引き上げては、リールを巻きながらロッドを前に倒すポンピングで寄せよう。

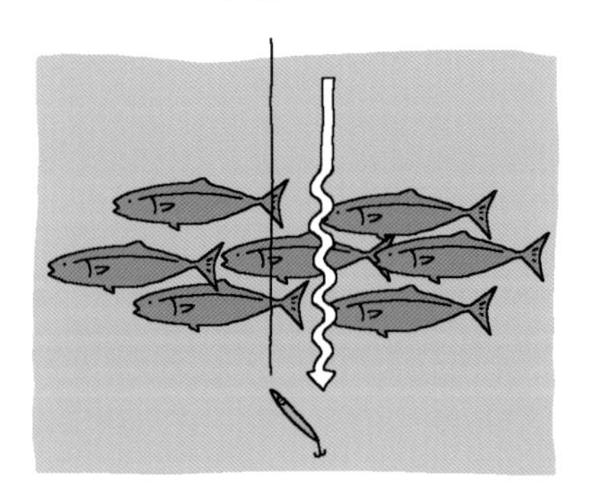

メタルジグが何 m 沈んだのかは、ラインの色で判断できる。ジギング用のラインは 10m ごとに色が分けられている

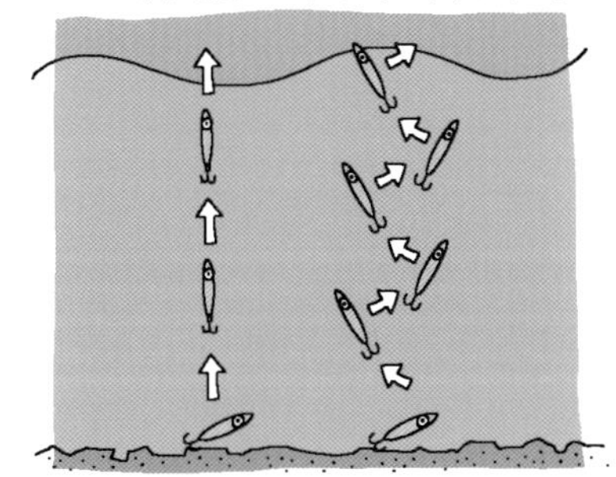

ショートピッチジャーク（右）：短い間隔でテンポよくロッドをしゃくりながら、同時にリールのハンドルを一回転させて糸フケをとる。ジグが左右にスライドする

Other Techniques

トップで狙うなら ドッグウォーキングが基本

イナダの群れを追っていると、ときにはナブラが立つこともある。そんな状況に遭遇したら、迷わずトップウォータープラグをキャストしてみるとよい。エキサイティングなゲームが楽しめるはずだ。

ルアーは、11cm程度のフローティングペンシル。おすすめは、『TDソルトペンシル』。“エサ”という異名を持つ、トップウォータープラグの逸品である。

使い方は、ナブラの中か向こう側へキャストした後、ロッドをチョコン、チョコンと小刻みにあおりながら、右、左、右とルアーが規則正しく動くようにリトリーブしてくる。ドッグウォーキングと呼ばれるアクションで、トップウォータープラグを操る際の基本中の基本と考えてよい。

水面でくねるルアーに、もんどりうってイナダが飛び出す。派手なバイトが目視できるため、つい早合わせとなりやすいが、一呼吸置いてから、ゆっくり合わせるのがコツ。

ガバッと飛び出したイナダが水面で反転し、ルアーをくわえたまま水中に姿を消したぐらいのタイミングで合わせるのが理想だ。

TD ソルトペンシル
（ダイワ）

POINT 釣った魚をおいしく食べるために

魚の締め方と持ち帰り方

釣った魚は、そのまま放置していたら鮮度が落ちてしまう。せっかく釣った新鮮な魚、適切に処理しておいしくいただきたいものだ。

必ず氷の入ったクーラーで保冷すること。海水と氷の割合は 20 リットル以内のクーラーボックスに対して2kg のアイスブロック1個を目安とし、容量の4分の1から3分の1ほど海水を注ぐ

釣った魚の鮮度を保って持ち帰る基本は、海水氷のドブ漬け。たっぷりと氷の入ったクーラーに少量の海水を入れ、その中に魚を入れるのだが、この入れ方にしても、ちょっとした工夫でずいぶん鮮度が違ってくる。

刺身にする魚は生け締め（野締め）にして、絶命させてから入れる。特にカツオ類やサバなどは、締めずに入れるとクーラーの中で暴れ、早く氷が解けてしまったり、エラから血が流れ出て、生臭くなったりしてしまう。

また、アジなどの小型魚は、たくさんの魚を詰め込むと、クーラーの上側の魚は蓋に触れてしまう。蓋の付近は意外に温度が高く、魚が傷みやすいので注意を。

さらに、頭や腹ワタを取ってクーラーに入れるときは必ずビニール袋などに入れ、切り口が水に触れないようにする。アオリイカは目の間にナイフを入れて締めるとともに、真水に触れないように、こちらもビニール袋に入れてクーラーボックスに収めたい。

フィッシングナイフを使って、魚のエラ蓋下と尾の付け根の2カ所を狙って中骨を切断する生け絞めと呼ぶ

手っ取り早いのがサバ折り。頭と胴体をつかんで背側に曲げ、首根っこの中骨をへし折る

毒がある魚に注意しよう

魚には、フグをはじめ毒がある種類がある。毒と言っても（1）もともとは魚の体にはなかったが、食物連鎖などで体内で生成される毒、（2）もともと体内にもっている毒、（3）尾ビレなどヒレに毒があるもの、（4）死後変化した化学物質によるアレルギー反応、（5）体表の雑菌による食中毒（6）寄生虫、などがある。ただし、毒があっても対処すれば安心して食べられる魚もある。

本書で解説している魚では、たとえば（4）はソウダカツオ（P.124）や小型回遊魚のサバ（P.78）。死後、分解酵素によって、体の肉や血液のヒスタミンが増える。増えすぎたヒスタミンをヒトが摂取すると、アレルギー反応をおこす。防ぐためには分解を抑えること。つまり血抜きをし、水氷でキンキンに冷やした状態で持ち帰る。ほかに（5）の体表の雑菌は、シイラ（P.120）が挙げられる。あまり持ち帰る人は少ないが、食用としては淡白なためソテーなどでおいしく食べられる。ただし、シイラの体表には雑菌が多いため、体表はよく洗い、捌くときはまな板や包丁は都度よく洗い流すこと。十分に加熱すれば防げる。

そして、見たことがない魚が釣れたときは絶対に素手で触らないこと。周囲の人、特に船なら船頭さんや中乗りさんに聞いて確認をし、得体の知れない魚はリリースする。

POINT 知っておきたいルアー釣りの基本用語

ルアー釣りの専門用語辞典

ルアーの仕様や動き方、海の状況や釣り場の様子、魚の生態、さらに仕掛けの種類や単位など、ルアー釣りで使用される基本的な用語を解説。

用語を知ると理解が早まる

「レンジはボトムで、アクションはバンピング。マヅメ時に釣れてくるよ」。釣り人同士のなにげない会話だが、たったこれだけの会話で魚の釣れる層、ルアーの動かし方、釣れる時間帯がわかるのだ。レンジとは海の中で狙う魚のいる層、ボトムとは海底のこと、アクションとはルアーの動かし方で、バンピングとはルアーを跳ね上げる動きのこと。マヅメとは朝夕の薄明かりの時間帯を指している。このように、ルアー釣りならではの専門的な用語を覚えておけば、釣り場での情報収集もすんなりできる。

●ア行

【アイレット】プラグについている金属の輪。ここにスプリットリングなどを介してラインやフックを接続する。単純にアイともいう。

【青物】ブリ、ヒラマサ、サバなど、背中が青い高速回遊魚の総称。

【アクション】ルアーの動きのこと。または「ミディアムアクション」などロッドの調子を表現するときにも使う。

【アゲインスト】向かい風。

【マヅメ】薄明かりのころで、魚の活性が上がると言われている。日の出後を朝マヅメ、日没後をタマヅメと呼ぶ。

【アシストフック】メタルジグなどのフロントアイに接続するシングルフック。

【アプローチ】ポイントに接近すること。ルアーをキャストすること。

【ウィード】藻の総称。藻があることで、酸素の含有量が多く、水温が安定し、多くの魚やエサとなる生物にも住みやすい環境になっている。

【エギ】日本古来のイカを釣るための和製ルアー。餌木と書く。

【エッジ】ウィードなどが密集している部分のフチ。あるいは急なカケ上がりのフチなど。

【オンス】ルアーフィッシングでよく使用される重さの単位。oz と表記する。1oz＝約28.3g。

●カ行

【カーブ・フォール】キャストしたルアーを、着水後、ゆるやかなカーブを描いて水底に到達させること。ラインを張り気味にすると、弧を描きながらルアーが沈んでいく。

【カウント・ダウン】ルアーをキャストして水中に沈み始めたら「1、2、3……」と数え、ルアーを沈める時間を確認すること。たとえば着底まで7秒かかったとすれば、1～

2秒は表層、3～4秒は中層、5～7秒は海底スレスレと判断が下せる。

【干潮】 一日のうちで、潮位が最も下がったとき。通常は一日に2回ある。

【キャスト】 ルアーを投げること。

【グローカラー】 夜光カラー。蓄光カラーのこと。

●サ行

【サーフェィス】 水面～水面直下のこと。

【サイト・フィッシング】 いわゆる「見釣り」。水面下で魚やルアーの存在を肉眼で確認しながら釣りをすることをいう。

【サスペンド】 魚が一定の層でじっとしている状態。サスペンド・ルアーというのは、リトリーブを止めるとその層にじっと漂っているルアーのことをいう。

【サミング】 ルアーをキャストした直後、その距離を調節するために、あるいはバックラッシュを防止するために指先でラインの出を調節する動作のことをいう。ベイトリールの場合、親指でこの動作を行うのでサミング。スピニングリールの場合は、フェザーリングという。

【シーズナル・パターン】 季節の変化に伴なう魚の行動パターン。あるいは、それを分析して導き出した最適な釣り方。

【シェイキング】 ロッドの先端をブルブルと震わせるようにして、ワームやグラブにアクションを起こさせるテクニック。

【シェード】 ストラクチャーが作り出す陰の部分。

【潮目】 異なる性質の潮流がぶつかったときにできる、潮の境目。プランクトンや小魚が集まるため好ポイントになっている。

【ジグヘッド】 シンカーとフックが一体になったもの。ソフトルアーをセットして使用する。

【ジャーク】 ロッドを強く大きくあおって、ルアーを急激に動かすこと。

【シャッド】 扁平な小魚に似せて作られたルアーの総称。

【シャロー】 浅い場所のこと。

【ショア】 岸辺のこと。海岸線のことはショアラインという。

【常夜灯】 漁港や埠頭などにある、夜通し点いている外灯。

【ショート・バイト】 小さな手応えしかないアタリのこと。

【シンカー】 オモリ。

【スイベル】 ヨリモドシ、サルカンのこと。

【ストップ・アンド・ゴー】 リールを巻いては止め、巻いては止めながら行うリトリーブアクション。ルアーが止まっている状態をポーズという。

【ストラクチャー】 海藻、岩など、ポイントとなる障害物の総称。堤防やブロック帯など人工の障害物はマンメイドストラクチャーという。

【ストレート・リトリーブ】 一定のスピードで（アクションを加えずに）リールを巻くリトリーブアクション。→タダ引き

【スナップ】 ワンタッチでルアーをセットできる連結器具。ラインとルアーなどを連結する。

【スポーニング】 魚の産卵行動のこと。乗っ込みともいう。

【スプリット・ショットリグ】 ガン玉などを使用し、フックとシンカーを離したワーム仕掛けのこと。

【スプリット・リング】 ルアーとフックなどを接続する開閉可能なリング。

【スリット】 堤防などの結合部の隙間。根魚のポイントになっている。

【ズル引き】 海底で、ルアーをゆっくり引きずるリトリーブアクションのこと。

【スレる】魚が警戒して、徐々にルアーに反応しなくなること。

【スローピッチ】ジギングなどでルアーを動かす動作の速さ。ピッチはリールのハンドルを回転させることで、ゆっくり巻き上げること。

【スローリトリーブ】キャストしたルアーをゆっくり引いてくること。

【ソフトベイト】ソフトプラスチックを素材にして作られたルアーの総称。ソフトルアーも同様の意味。

●タ行

【ダートアクション】ルアーを横滑りさせるアクション。

【タダ引き】スティディ・リトリーブと同義。

【チェイス】魚がルアーに反応し追いかけること。

【チューニング】ルアーやリールなどを改造、調整すること。

【ディープ】深い場所のこと。

【ティップ】ロッドの穂先部分。

【テキサス・リグ】中通しスタイルのワーム・リグ。特徴としては、底の状態がわかりやすく、しかも根掛かりしにくい。

【テンション】ラインにかかる張力、張り具合のこと。ラインテンションなどと用いる。

【トゥイッチング】ロッドの先端を小刻みにシャクり、ルアーに変則的なアクションを加えるテクニック。ミノープラグに加える代表的なアクションのひとつ。→ツイッチング

【トップウォーター】水面上。トップウォーターゲームとは、潜らないルアーを使用して、水面上のみでターゲットを狙うこと。略してトップともいう。

【ドラグ】リールについている機構のひとつ。ある一定以上の力がラインにかかると、ハンドルを固定しているにもかかわらず、ラインを送り出す装置。

●ナ行

【ナチュラル・カラー】ベイトフィッシュなどの、自然に近い色のルアーカラーを指す。反対はアピール・カラー。

【ナブラ】フィッシュイーターの群れが水面まで小魚を追いかけて捕食している様子。水しぶきがあがる。

【ノット】ラインの結び。

●ハ行

【バーチカル】垂直方向という意味。バーチカル・ジギングとは、ボートの真下にジグを落とし込み、上下にシャクるようにアクションを加える。

【バーブ】フックの先端付近にある「カエシ」のこと。バーブレスというのは、カエシのないフックのことを言う。

【バイト】魚がルアーやエサに食いつくこと。

【バックラッシュ】ベイトリールを使ってルアーをキャストしたとき、出ていくラインの速度よりもスプールが回転する速度のほうが速くなった場合に起こる現象。スプール内でラインが絡んでしまう。

【バット】ロッドのフロントグリップのやや上あたり。胴元の部分。

【ヒット】魚がルアーに掛かること。

【ファイト】掛かった魚を取り込むまでのやりとりを言う。

【ファストテーパー】先端部分が曲がるロッドアクションのこと。

【ファスト・リトリーブ】リールを速く巻くこと。反対はスロー・リトリーブ。その中間はミディアム・リトリーブ。

【フォーリング】ルアーを落とし込むこと。ラインを張ったままルアーを落とすことを、カーブ・フォーリング、ラインをゆるめたままルアーを落とし込むことをフリー・フォー

リングという。

【フォロー】 追い風。

【フッキング】 魚をフックに掛けること。合わせ。

【フック】 釣りバリのこと。

【プラグ】 魚の形をしたルアーの総称。

【ブレイク・ライン】 海底のカケ上がり部分。

【フローティング】 言葉の意味は「浮く」。ルアーなどにフローティングタイプ、あるいはFと表記してある。逆に沈むことをシンキングと言い、Sと表記されている。

【ベイト】 ルアーフィッシングにおいては、エサとなる魚のことをいう。

【ベリー】 ロッドの胴の部分。

【ボイル】 フィッシュイーターに追われて必死になって逃げている小魚の群れが起こす現象。水面が沸騰している湯のようにゴボゴボと波立っているところから、こう表現するようになった。

【ポーズ】 ルアーをアクションさせているときに静止させること。

【ボトム】 水底。

【ボトム・バンピング】 水底でルアーが跳ねるようにアクションさせること。

【ポンドテスト】 ラインの強度を示す値。lbで表示され、1lb＝約0.45Kg。

【ポンピング】 強い引きの魚が掛かってリールが巻けないとき、ロッドを起こして魚を寄せて、その分だけロッドを倒しながら、ラインを巻き取るファイト方法。

●マ行

【マッチ・ザ・ベイト】 そのフィールドの魚が普段エサとしている生物に合わせたルアーセレクトのこと。

【満潮】 一日のうちで最も潮位が高くなるとき。通常は一日に2回やってくる。

【メソッド】 ターゲットに効果的な釣り方。その日のフィールドの状況に合わせた釣り方。

●ヤ行　ラ行　ワ行

【ライズ】 フィッシュイーターが水面でエサを捕食する行為。→ボイル

【ライン】 リールに巻く道糸のこと。→メインライン

【ライン・スラッグ】 ラインの余分なたるみ。糸フケと同義語。

【ライン・ブレイク】 ラインが切れること。

【ランカー】 大型魚のこと。ランカーサイズなどと使う。

【ランガン】 ラン＆ガン（RUN&GUN）の略語。移動しながら釣りをする意味。

【ランディング】 魚を取り込むこと。

【リアクション・バイト】 魚が反射的にルアーを食ってくること。反射食いとも言う。

【リーダー】 先糸のこと。根ズレや口ズレを防ぐためにラインよりも太いものを使用する。

【リグ】 ワームを使用する仕掛けのこと。

【リップ】 ミノープラグなどのボディ先端に付いている潜行板。これの形や大きさ、角度などによって、そのルアーのアクションが変わってくる。

【リトリーブ】 ラインを回収する意味。リーリングと同義語。

【リトリーブ・アクション】 リールを巻きながら行うルアーアクション。

【レンジ】 層。泳層。

【ロッド】 釣り竿のこと。

【ワインド】 ジグヘッドとソフトルアーを使った釣り方。ルアーを左右へダートさせ、リアクションバイトを誘う。

【ワーム】 軟質プラスチックで作られた軟らかいルアーのこと。

【ワンド】 入り江状に深くえぐられている所。

著者：村越正海
SEIKAI MURAKOSHI

1958年3月 神奈川県小田原市生まれ。フィッシングライター 兼 プロフィッシャーマン。東海大学海洋学部在学中より新聞・雑誌にて釣り関連の記事を書き始め、釣りライターとしての一歩を踏み出す。1984年より、テレビ番組『ザ・フィッシング』に出演。以来、出演年数は30年を超える。釣り人として出演するかたわら、企画監修者として、現在は製作にも深くかかわっている。1987年より、ダイワ精工㈱（現グローブライド㈱）と契約開始。
得意とする釣りの種類は、ルアー釣り全般、磯釣り全般、船釣り全般、投げ釣り全般、他、アユ釣り、フライフィッシング、ワカサギ釣り、フナ釣り、ハゼ釣り、テナガエビ釣り、カニ釣り（獲り）、等など。
他に、釣り用品メーカー（主にルアー）「セイカイコレクション」を主幹。

正海チャンネル
https://www.youtube.com/@seikaimurakoshi

編集・制作：井上 綾乃（神金制作室）
編集協力：伊達 砂丘（スタジオポルト）
時田 眞吉
イラスト：2g, 堀口 順一朗（p.21,28-29）
DTP：丸橋 一岳
撮影（カバー・巻頭）：斉藤 有美
写真提供：菊池 貴之 / BURITSU,
北畠 蘭知亜 / BURITSU,
長谷川 審 , 望月 哲也
画像協力：maruk

海のルアー釣り　完全BOOK　改訂版
基礎と上達がまるわかり！プロが教える最強のコツ

2024年7月30日 第1版・第1刷発行

著　者　村越 正海（むらこし せいかい）
発行者　株式会社メイツユニバーサルコンテンツ
代表者　大羽 孝志
〒102-0093 東京都千代田区平河町一丁目1-8
印　刷　株式会社厚徳社

ご意見・ご感想はホームページから承っております
ウェブサイト　https://www.mates-publishing.co.jp/

企画担当：折居かおる／清岡香奈

※本書は2020年発行の『海のルアー釣り 完全BOOK 新版 基礎と上達がまるわかり！プロが教える最強のコツ』を元に、新たに動画コンテンツの追加と装丁の変更、必要な情報の確認・更新を行い、「改訂版」として新たに発行したものです。